Trabajo, acoso y estrés.

¿Cómo superarlo?

Utiliza el Coaching, la PNL, la IE, la Motivación y el Éxito.

Dr. Benigno Horna

MHRP

www.benignohorna.com

www.mhrp.net

2015

Primera edición: Mayo 2015

Editorial MHRP. Benigno Horna de la Cruz

Calle Mirador del Prado 6-1B
28400 Collado Villalba
Madrid España
Tel: (34) 607525006

Email: info@benignohorna.com
www.benignohorna.com
www.mhrp.net

Dedicado a mi madre: Emilia de la Cruz de Horna
y a Eulogia de Diego Ayuso, la Yaya (qepd).

En memoria de Fernando Cobo Calderón

Agradecimientos: Muy especialmente a mi hermana Rosela, por esos momentos y consejos que me da, junto a su tiempo y estímulo sobre la vida, la salud, el dinero y el amor.
Para Memy y Ed. Frank y Kary. Albert y Ellen.

A Amando de Miguel, mi amigo y profesor. Eres el mejor.

Nilda Requena, que me corrigió mis faltas de ortografía y otras cosas. Para Fabiana Sierra y Fabio. Miguel Bastardo B.

Ecocentro en la figura de María José Muñoz, que firmamos juntos en la Feria del Libro de Madrid, desde el siglo pasado. Ramos, Paula, Adolfo Pérez Agustí. Tony y Eva de Mindalia. Roberto Jiménez.

Pilar García Ross, A María del Prado Moreno, Rosa María Real, Isabel María Quesada, Jana Hungría, Noelia Rodelgo Menéndez, Raúl Álvarez, Ruth, Olivia Dévora Ruano, Rosa Catalina, Isabel Ramírez Diosa, Pilar Hernández, Lucía Domínguez Sineiro. Luis y Javier Clemente Tierz, Dr. José Manuel Morán Martínez, Damián Galmes, Miguel Poveda, Trinidad Herrero, Alicia P Galán, Pablo Anos Petinal, María José García. Virginia Ávila. Silvia y Sandra. Elena Hygeia y a La Llanura de Palmaria. Jaime Jiménez Burillo. Lucía Navarro. Maite Merino. Carmen Carnero. Lorena de Paz. Carolina Caparros, Noemi López, Helena Cosano, Helena Cosano II, Isabel Ariza Crespo, Don Joaquín y a su hija de Príncipe de Vergara 7.

A mis alumnos que me han apoyado: Isabel Piqueras Blas, María Arcas, Carlos, Tomás Arenal, María Vara, Lourdes Sanz, Adelaida, María Teresa Puerto Simón. Fernando Chamorro, Mavi BC, Soledad Ossuna, Ana Isabel Guijarro, Yoli y Kiara, Sol Cubas, Mónica Patricia González, Azusena Tojeira, Noemí López, Sissy Rojas. Fernando Chamorro, Marcela Otálora. Mireya. Nazaret Romero.

Clara Pozo, Rachid Fraime, Myriam Pozo, Mercedes López, Carlos Alberto Arabito, Carmen Nieto, Irene Plana, Natalia López, Vicente Fababu, Mónica Martín, Chiqui, María Valle, Ana María Marín, Lola Marín.

Al Restaurante Lua de Puerto Rey: Felipe, Tony, Mireia Contreras, Mario Pantar, Yolanda Mellado, Luis Blasco.

Casto Luis Balsalobre, "el **Capitán del Pirata**", lo mejor de Vera Playa, por todas sus atenciones y facilidades. Antonia Mateos, Daniel Balsalobre y su hermano, Amparo Pérez y Arturo Amate; a mi amigo el ciclista, Ana Isabel Guijarro.

Lorena Cano, Irene, Elsa y Willy Martin Olsen, de la BIU (Bircham International University). Al Excelentísimo Ayuntamiento de Collado Villalba, por su gran labor cultural, a Mar Gil Matesanz, José Flores González. Javier, Manuel Álvarez Gómez, Paloma Rascado y muy especialmente para Tania Bergua.

Roberto Contreras, Jaime Javier Esquivel, Carlos Fajardo Arias, Mariangela Lemus, Vera Frago. José Ángel Horna.
José Cobo y Birgit. Luis Cobo, Juanjo y Magacha Juste Ortega, Carina Fernández Escárzaga. Miren Larrazabal. Ángel Cazorla. Miguel Gómez, Tony Párraga, Roxana Díaz, Javier Pintor.

Prólogo

Nuestras ideas son como un grano de maíz que si decidimos plantar, crecerá y nos dará una mazorca. Si sembramos la mazorca, teniendo paciencia y confianza, además, de regarla y recolectarla, obtendremos una gran cosecha. Lo mismo ocurre con nuestras ideas, cuando las convertimos en proyectos. Para ello tenemos que tener el valor de llevarlas a feliz término.

En el momento en que una persona empieza a sentir en su cuerpo que está fracasando, lo primero que se le puede pasar por la cabeza, es abandonar. La diferencia es que el que cree en sí mismo, logra su objetivos. Algunas veces tendrás que trabajar durante un tiempo, en otros trabajos que no te gustan, pero te ayudarán a encontrar el correcto.

Los pesimistas se imaginan desgracias que normalmente nunca ocurrirán, peligros que no existen y se alimentan de limitaciones, viviendo las desgracias de los demás y peor aún, haciéndolas suyas. Parecen discos rayados: cuando termine mis estudios, trabaje, me case, me jubile...

Deje de engañarse y haga hoy todo lo que tenga que hacer y este verano haga lo que tenga que hacer este verano. De ahí las excusas continuas que se convierten en justificaciones y miedos que le llevan a solo intentarlo, en lugar de realizarlo.

Mientras ingieren alimentos su mente y su cuerpo, procesa las catástrofes ocurridas a miles de kilómetros de distancia, convirtiendo la comida en algo nocivo. Ocurre que al repetirlo a diario, esto le produce placer, como si fuesen un cocodrilo que llora antes de atacar a su enemigo.

De verdad que puedo elegir ¿quién quiero ser?

"De ti depende el elegir ser una nube o ser el cielo. La nube ignora por qué se desplaza en una determinada dirección y a una velocidad específica. Siente un impulso, ese es el rumbo del momento. Pero el cielo conoce las razones y las configuraciones que hay detrás de todas las nubes y tú también las conocerás cuando te eleves a la altura indispensable para ver más allá de los horizontes. Podremos alzarnos sobre nuestra ignorancia, podremos descubrirnos como criaturas de perfección, inteligencia y habilidad. ¡Podremos ser libres! Podremos aprender a volar". R. Bach

Por tanto, debemos concentrarnos en nuestras posibilidades y no en las limitaciones. ¿Cómo? Cambiemos nuestro estado de ánimo. Escuchemos una buena música, veamos una buena película o serie, disfrutemos de un aroma y un sabor agradable o de una buena compañía y pongámonos en acción.

Comencemos en nuestro interior y preguntémonos qué es lo que de verdad queremos y lo que estamos dispuestos a pagar por conseguirlo.

Debemos aprender a dejar de pensar en lo que hacemos mal y centrarnos en lo qué queremos que esté bien y en lo que podemos hacer para conseguir nuestros objetivos. Dejar de fumar es fácil si sabemos cómo hacerlo y esto es aplicable también a la vida, ya que ser feliz es crecer plenamente con uno mismo.

Punta Burica. Océano Pacífico Entre Panamá y Costa Rica

Capítulo I. Coaching

¿Qué es el Coaching?

La mejor manera de poder entender lo que es el Coaching, es resumir lo que los grandes autores y creadores del concepto explican sobre ello.

El coaching es un proceso de entrenamiento que debe de ser personalizado y confidencial; que cubre el vacío existente entre lo que eres ahora y lo que deseas ser. Talane Miedaner

Para John Whitmore, el coaching, consiste en liberar el potencial de una persona para así poder incrementar al máximo, su desempeño. Consiste en ayudarle, en lugar de enseñarle.

Es un sistema que busca liberar el potencial que todos llevamos dentro a través de un proceso de acompañamiento, donde el facilitador o coach, apoya a la persona o coachee y actúa de puente entre su vida actual y su vida deseada, a través del auto conocimiento y la acción. Es una manera de dirigir; de tratar a las personas, una manera de pensar y de ser.

En una entrevista que John Whitmore le concedió a Víctor M-Amela, explicaba que el coaching, consiste en ayudar a alguien a pensar por sí mismo, a encontrar sus respuestas, a descubrir dentro de sí su potencial, su camino al éxito... sea en los negocios, en las relaciones personales, en el arte, el deporte, el trabajo...

Para Julio Olalla, el coach ayuda a ampliar la visión de manera de descubrir patrones, contextos y preguntas, que uno no ha sido capaz de ver. Esto incluye observar el desempeño, retroalimentar, saber escuchar, presentar alternativas y ejercitar la capacidad de auto evaluarse, donde el coach tutor más que aportar contenidos, es un facilitador que se concentra en el potencial de la persona.

Otros investigadores como Leonardo Wolf definen el coaching como un proceso provocador y desafiante ya que requiere cuestionar las estructuras rígidas de nuestra forma particular de ser y de nuestras antiguas concepciones de cómo deben hacerse las cosas en el mundo de las organizaciones. Aprender a realizar coaching a otros se constituye hoy como una competencia gerencial y un nuevo estilo de liderazgo y gestión.

El líder-Coach no solo expande sus habilidades y competencias, sino que motiva, potencia y enriquece el trabajo del equipo. El coaching puede ser individual o grupal. En el coaching grupal, mas allá de un aprendizaje personal genera, además, cohesión entre los integrantes del grupo y aprendizaje interpersonal.

El coaching en un proceso dinámico e interactivo que consiste en asistir a otros en el logro de sus metas, colaborando en el desarrollo de su propio potencial.

¿Qué cualidades se deben tener para ser un buen coach?

Las cualidades primarias, que se deben tener, para poder ser un buen coach, son una mezcla de las de Entrenador, Sacerdote, Antropólogo, Psicólogo, Filósofo y de Sociólogo.

Con los atributos del Entrenador nos quedaremos: La disciplina, carácter, conocimientos técnicos, la motivación orientada a los resultados inmediatos. El ser amable y fuerte a la vez. Ser positivo y en ocasiones, algo beligerante.

Del Sacerdote, el espíritu de servicio a los demás, el saber escuchar, sin opinar, la prudencia.

Del Antropólogo, el sentido de la observación, el conocimiento del humano en su entorno, el análisis, la comparación, la disociación y asociación. El ser una persona abierta y receptiva a las nuevas tendencias de la sociedad.

Del Artista, la creatividad y la armonía. Cuando el coach tiene tablas, y conoce, asume y metaboliza las técnicas del coaching, se acerca más al arte que a la técnica. La técnica es la partitura y la interpretación es lo que hace del músico un artista.

Del Psicólogo, el conocimiento de cómo funciona el cerebro, la conducta de los humanos.

Del Filósofo, se debe de tener los valores, las creencias no limitantes y sentido del humor.

Esencialmente, hay dos cosas que te harán más sabio: los libros que lees y la gente que conoces. Jack Candfield

Coaching Ontológico

Término creado por el Dr. Rafael Echeverría, de origen Chileno, con el cual he mantenido una relación epistolar a través del Email, promovida por la coincidencia de un querido amigo también chileno, llamado Carlos Alberto Cornejo, que Dios guarde en su seno. Como con otro amigo en común, un hombre genial, Raúl Herrera que también nos dejó lo mejor que tenía, en su recuerdo.

"El Coaching Ontológico es la práctica profesional derivada de la Ontología. Un coach Ontológico es un tipo particular de coach, capaz de observar como las personas construyen interpretaciones acerca de su existencia, las cuales se reflejan en sus maneras de ser".

Cada uno de nosotros posee una manera de ser "única", que nos influencia en todo lo que vemos y oímos alrededor nuestro. Vivimos en un mundo de interpretaciones -no de hechos- y nuestra manera de ser determina cuán exitosamente nos relacionamos con los demás y con nosotros mismos.

A través del arte de la conversación, un Coach Ontológico es capaz de ayudar a las personas a "volverse conscientes" de las interpretaciones que comprende su realidad.

Un Coach Ontológico es también capaz de sostener a las personas en el desarrollo de interpretaciones más constructivas (a través de cambios en su lenguaje, sus experiencias emocionales y cómo utilizan su cuerpo) para lidiar con cuestiones claves, y de ayudarlas a ser más efectivas y a construir una vida con sentido, que les satisfaga plenamente." http://www.efectividad.net/ver.php?p=651

Decía Tony Robbins porque hay un poderoso motor dentro de cada ser humano que, una vez liberado, puede hacer realidad cualquier visión, sueño o deseo.

"No dejes que el ruido de las opiniones ajenas apaguen tu voz interna. Tienes que hacer algo que te apasione, porque de lo contrario, no tendrás la perseverancia para llevarlo a cabo. La innovación diferencia a un líder de un seguidor. Mis cosas favoritas de la vida no cuestan dinero. Está claro que el recurso más preciado que tenemos es el tiempo". Stv Jobs

El proceso del coaching

El proceso de coaching, parte de la premisa de que el Coachee (la persona que recibe el coaching) es el individuo que cuenta con la mayor y mejor información para resolver las situaciones que enfrenta, aunque sin la ayuda del coach, es improbable que la viese.

En vez de enseñar, el coach asiste al Coachee a aprender de sí mismo. En este sentido, el proceso del coach, para Miguel, Cortés (2010). *PNL & Coaching. Una visión integradora,* requiere de los siguientes 5 pasos:

1. Observar
2. Tomar conciencia
3. Determinar los objetivos y las metas
4. Actuar
5. Medir

Observar - El sentido de la observación será fundamental para que el Coachee encuentre soluciones. A través del posicionamiento en nuevos puntos de vista, y la observación de los paradigmas, creencias y conductas que se practican.

El individuo podrá elegir entre nuevas alternativas que le apoyen a construir los resultados que busca.

La clave consiste en observar a una persona con toda la atención posible, escuchar lo que dice, qué tipo de metáforas utiliza, estudiar lo que revela su fisiología y cuándo presta atención o se aburre. Las personas revelan de una manera coherente y constante cuáles son los metaprogramas que las mueven.

No se necesita un estudio muy profundo para averiguar cuáles son sus tendencias o el criterio de clasificación que aplican en un momento dado. Al objeto de determinar si alguien clasifica para sí o para los demás, basta con observar cuánta atención presta a otras personas.

Tomar conciencia - La observación permite la toma de conciencia, básicamente acerca de nuestro poder de elección. El coach centrará al Coachee en las elecciones que toma y las consecuencias que ellas crean, brindándole herramientas específicas para elegir con mayor efectividad y elegir conscientemente.

"Has de ser consciente de tus pensamientos y elegirlos cuidadosamente, además te debes divertir, porque eres la obra maestra de tu propia vida. Eres el Miguel Ángel de tu vida. El David que estás esculpiendo eres tú mismo". Joe Vitale. Phd

Determinar los objetivos y las metas. Es esencial para todo proceso de Coaching, el contar con objetivos claramente definidos. Este será el paso crucial hacia la obtención de los mismos y servirá de guía para la toma de decisiones y acciones.

Tony Robbins en Poder sin Límites cita lo siguiente: Este punto se demuestra con claridad en un estudio realizado con la promoción de 1953 de la Universidad de Yale. A los licenciados se les preguntó si tenían un conjunto claramente definido de objetivos, fijado por escrito junto con un plan sobre cómo alcanzarlos. solo un 3 por ciento de los entrevistados había hecho tal cosa.

Los investigadores regresaron veinte años después, en 1973, y entrevistaron a los sobrevivientes de la promoción de 1953. Y descubrieron que los de aquel 3 por ciento que habían tomado nota de unos objetivos concretos valían más, en términos de solvencia, que todo el 97 por ciento restante.

En este estudio, desde luego solo se midió el éxito financiero. No obstante, los investigadores descubrieron además que otros objetivos menos medibles o más subjetivos, como la felicidad o la satisfacción en la vida, también parecían más realizados en los de aquel 3 por ciento. Tal es el poder de un objetivo definido.

La META en coaching quiere decir:

- medible
- estipulable
- tangible
- alcanzable

Actuar - Una vez reunida toda la información, hay que actuar de una forma sostenida en el tiempo. El coach acompañará de cerca este proceso superando las dificultades que suelen aparecer en la puesta en práctica.

Si usted tiene un problema de preocupación, aplique la fórmula mágica de haciendo estas tres cosas de Willis H. Carrier.

1. Pregúntese: "¿Qué es lo peor que me puede suceder?"
2. Prepárese a aceptarlo, si ello es necesario.
3. Después, tranquilamente, proceda a mejorar lo peor.

Medir - En todo momento es imprescindible comprobar si nos acercamos o nos alejamos del objetivo marcado. Esto permitirá tomar acciones correctivas y así contribuir a la obtención de los logros buscados.

Lo importante en la vida, consiste en disfrutar de todo aquello que hagas, independientemente de lo que realices y no solo en hacer lo que te gusta. Si disfrutas de todo aquello que haces, disfrutarás intensamente de la vida.

"Nuestra mayor debilidad radica en renunciar. La forma más segura de tener éxito es intentarlo siempre una vez más. No he fracasado, he encontrado 10,000 maneras de hacer una bombilla que no funciona. Nunca hice un día de trabajo en mi vida. Todo era diversión". Tomas A. Edison

Los diez mitos del Coaching.

Me resultó muy interesante y clarificador, el trabajo de Paula Boente, referente a los diez mitos del Coaching, Paula Boente nos dice: "Usted sabe que, hoy en día, cada gerente supone que es un coach. Pero también sabe que la mayoría de los gerentes no ha modificado sustancialmente su forma de actuar. Las razones no son difíciles de imaginar. No muchos tienen una idea clara de lo que, en la práctica, significa "coaching".

A quienes saben algo del tema, es probable que les parezca atemorizante. Por lo tanto, el coaching se convierte en una de esas buenas ideas con las que muchos gerentes se llenan la boca, pero que luego ignoran. Sin embargo, el coaching no es algo místico, y tampoco difícil de aprender. En realidad, todo lo que se necesita es dejar de lado algunos conceptos erróneos. He aquí los 10 mitos más comunes, y la realidad que hay detrás de ellos".

1-Nadie puede definir qué es el coaching

2-coaching es hacer feliz a la gente

3-coaching es, simplemente, otra manera de llamar a la tarea de un mentor.

4-Un Coach, es alguien que se caracteriza por alentar

5-El coaching demanda mucho tiempo

6-El coaching es un tipo de psicoterapia

7-Es una receta para manejar todo tipo de situaciones

8-No todos están en condiciones de recibir coaching

9-La gente bien entrenada se irá de las empresas

10-El coaching no suma puntos a la línea de resultados

¿Cuántos tipos de Coaching existen?

Es una buena pregunta, ya que cada vez, van a existir más.

Ross Galán, que es Doctor por varias Universidades. Profesor de la Escuela de Inteligencia y de la Universidad Camilo José Cela, amigo, confidente y sobre todo, un excelente humano escribe en su blog. http://unicoross-ross.blogspot.com/:

"El coaching está pisando fuerte y está ganando terreno en todos los ámbitos en la vida de un ser humano. El coaching es tan útil que todos necesitamos a un Coach para llegar a ser un buen ser humano. Hay tantos coaching como las personas casi.

Vamos a ver diferentes tipos de coaching. Están los siguientes:

Coaching Ejecutivo.
Coaching Personal
Coaching Armónico
Coaching Deportivo
Coaching Científico
Coaching Místico

Estos tipos de Coaching (no necesariamente en este orden que aparecen arriba, ni mucho menos, en absoluto) y algunos más como el Coaching Ontológico, el Coaching Endémico, el Coaching Transpersonal, y el Coaching Político, el Coaching Psicológico (que algunos lo llaman Psicología del Coaching).

Y más Coachings sin apellido y sin identificar por no decir, el Coaching Nisu (Ni su padre lo conoce) que existen por ahí".

¿Qué es un Coach?

Una persona que se convierte en un puente entre lo que eres o tienes hoy y lo que te gustaría ser o tener. Mi misión como Coach es apoyarte en ese camino, ya que en nuestra filosofía no importa lo que hayas hecho, sino lo que podrías llegar a hacer. José Pedro García Miguel (Josepe)

¿Qué te aporta un buen Coach?

Para ser un buen Coach, hay que vivirlo y quién mejor que José Pedro García Miguel, creador y director de "Vivir del Coaching", la iniciativa para profesionalizar coaches más importante a nivel mundial en Castellano, para contestar a la pregunta.

Fundamentalmente, para www.coachingparati.com/, tener un Coach te aporta:

Una visión externa de tus circunstancias, más neutral y objetiva habitualmente. La posibilidad de hacerte percibir nuevas opciones y puntos de vista válidos.

Una persona genuinamente interesada en que alcances el objetivo que te marques. Alguien congruente y honesto en el proceso de tu acompañamiento.

Una persona que te va a apoyar y escuchar como te mereces. No centrarte en el ¿Por qué?, sino en el ¿Por qué no?

Sentirte escuchado y comprendido. Un “feedback” o información de retorno de lo que no eres capaz de ver o percibir. Ánimo, aliento y alegría en tu proceso.

¿Dónde podemos estudiarlo?

Hay un dicho que dice: “Cada uno cuenta la feria, según como le fue en ella” y por tanto, puedo decir y digo, que la Escuela de Inteligencia, a través de la Universidad Camilo José Cela, fue el lugar idóneo para haberlo estudiado. Por lo menos, yo lo hice allí y sé que muchos de los buenos Coach, se han formado en España, al amparo de su techo.

Escuela de Inteligencia: La labor tanto de Javier Mañero, como la de Ross Galán y sus colaboradores, fue envidiable.

El Dr. Salvador Carrión, Gustavo Bertolotto, como la Escuela Europea del Coaching, o en el Portal del Coaching, se pueden encontrar los mejores sitios para formarse, además de José Pedro García. No son todos los que están; pero todos los que están, son los mejores. Un recuerdo especial para el fallecido Manuel Roca que nos dejó hace unos años y que descansa en paz.

Como es menester, también se puede estudiar en la Bircham International University (BIU) y realizar el Experto en Terapia Integral MHRP: Coaching, IE, PNL, Hipnosis de la que soy el Supervisor Académico en la Facultad de Psicología: www.mhrp.net

Ocurre que las escuelas de Coach, están proliferando como setas en un otoño húmedo, por tanto lo mejor es consultar en las Asociaciones de Coach, de las que cabe destacar en España: ICF Internacional Coach Federation.

ICF es la mayor federación mundial de coaching, con más de 10.000 miembros y presencia en 80 países. Su principal misión es contribuir a que la profesión de coaching sea ejercida con transparencia, ética y altos estándares de calidad.

ASESCO Asociación Española del Coaching. La Asociación Española de Coaching, se fundó el 1 de Agosto de 2000, por Natividad Alcalde y Francisco Javier Tejerina con el propósito de agrupar a los Coaches profesionales existentes y también de divulgar las excelencias de su práctica.

Merece la pena destacar el programa de coaching de Talane Miedaner, a través de su libro: "Coaching para el éxito", que te ofrece la posibilidad de: Eliminar los pequeños obstáculos que te distraen y eliminan tu energía.

Tener mayores ingresos de dinero y gastar menos, para lograr la abundancia y la seguridad económica. Tener más tiempo libre del que jamás soñaste. Construir relaciones enriquecedoras y comunicarte con eficacia. Hacer el trabajo que amas y hacerlo bien. Cuidarte, atraer el éxito y sentir placer trabajando para lograrlo.

Aplicaciones prácticas para el Coaching en España

Sobresale la personalidad de Soledad Osuna, que a través de Talleres, de los que resaltan los realizados específicamente, para Mujeres Maltratadas, centrándose en la investigación de significados inconscientes de las palabras, actos y producciones imaginarias, método psicoterápico basado en la investigación y caracterización controlada de la resistencia, la transferencia y el deseo.

Siendo su aplicación por los sistemas representacionales, Visual, Auditivo y Kinestésico. Aportando alivio y soluciones a personas que necesitan apoyo exterior para lograrlo.

Osuna, combina lo aprendido en sus estudios de Coach, Psicoanálisis, Inteligencia Emocional y PNL, con la experiencia que tiene asesorando personas y empresas. Ha sido alumna mía en la BIU.

En Facebook e Internet, podemos encontrar la labor de Talento Direct a través de su fundadora y Experta, Carolina Caparros Álvarez, que realiza una gran labor de apoyo a todo aquel que tenga las ganas e ilusión de cambiar, mejorando su vida profesional. www.talentodirect.com

"La inteligencia no sería tal, si no dudásemos. La duda nos brinda la oportunidad, de que podamos reflexionar, antes de actuar, sobre todo aquello qué queremos ser o tener en esta vida. Quien no duda al hacer algo, o es un verdadero experto en la materia o es un temerario. Dudar de vez en cuando, no es malo, pero si hacerlo como una costumbre" MHRP

Capítulo II. Inteligencia Emocional (IE)

"La Inteligencia Emocional, es la capacidad para reconocer sentimientos en sí mismo y en otros, siendo hábil para manejarlos al trabajar con otros" D.Goleman.

La Inteligencia Emocional (IE), es la capacidad de sentir, entender, controlar y modificar los estados anímicos propios y los de los demás. Se emplea para describir cualidades emocionales importantes, para alcanzar el éxito. Es decir, se entiende como facultad; el saber percibir, evaluar y aplicar las emociones, tanto las propias como las ajenas.

La IE, es la capacidad de motivarnos a nosotros mismos, de perseverar en el empeño a pesar de las posibles frustraciones, de controlar los impulsos, de diferir las satisfacciones, de regular nuestros propios estados de ánimo, de evitar que la angustia interfiera con nuestras facultades racionales y la capacidad de empatizar y confiar en los demás.

Daniel Goleman, explica que la Inteligencia Emocional, se puede organizar en cinco capacidades:

Conocer las emociones y los sentimientos propios,
manejarlos,
reconocerlos,
crear la propia motivación,
y gestionar las relaciones.

El primer uso del término inteligencia emocional generalmente es atribuido a Wayne Payne, citado en su tesis doctoral: Un estudio de las emociones: El desarrollo de la inteligencia emocional, de 1985.

Sin embargo, el término Inteligencia Emocional había aparecido antes en textos de Leuner (1966). Greenspan también presentó en 1989 un modelo de IE, seguido por Meter Salovey y John Mayer (1990) y posteriormente fue Daniel Goleman el que a través de sus libros, la difundió por todo el mundo.

Daniel Goleman, recoge el pensamiento de numerosos científicos del comportamiento humano que cuestionan el valor de la inteligencia racional como determinante del éxito en las tareas concretas de la vida, en los diversos ámbitos de la familia, los negocios, la toma de decisiones, el desempeño profesional y la manera en la que se es consciente de uno mismo.

"Ser consciente de uno mismo significa ser consciente de nuestros estados de ánimo y de los pensamientos que tenemos acerca de esos estados de ánimo. Ser consciente de uno mismo, en suma, es estar atento a los estados internos sin reaccionar ante ellos y sin juzgarlos." John Mayer y Peter Salovey.

La inteligencia es la capacidad de resolver problemas o elaborar productos que sean valiosos en una o más culturas. Howard Gardner.

Inteligencias múltiples: Howard Gadner

Howard Gardner de la Universidad de Harvard, diseñó un modelo de Inteligencias Múltiples, donde la inteligencia no se estudia como un ente unitario, de una manera aislada, que agrupa diferentes capacidades específicas con distinto nivel de generalidad, sino como un conjunto de inteligencias múltiples, distintas e independientes, donde tiene una visión más amplia de la inteligencia.

Gardner, amplía el campo de lo que es la inteligencia y reconoce lo que se sabía intuitivamente: Que la brillantez académica no lo es todo. A la hora de desenvolverse en la vida no basta con tener un gran expediente académico.

Hay gente de gran capacidad intelectual pero incapaz de, por ejemplo, elegir bien a sus amigos; por el contrario, hay gente menos brillante en el colegio que triunfa en el mundo de los negocios o en su vida personal. Triunfar en los negocios, o en los deportes, requiere ser inteligente, pero en cada campo se utiliza un tipo de inteligencia distinto.

No mejor ni peor, pero sí distinto. Dicho de otro modo, Einstein no es más ni menos inteligente que Michael Jordan, simplemente sus inteligencias pertenecen a campos diferentes. Segundo, y no menos importante, Gardner define la inteligencia como una capacidad. Hasta hace muy poco tiempo la inteligencia se consideraba algo innato e inamovible.

Se nacía inteligente o no, y la educación no podía cambiar ese hecho. Tanto es así que en épocas muy cercanas a los deficientes psíquicos no se les educaba, porque se consideraba que era un esfuerzo inútil. Howard Gardner crea ocho tipos distintos de inteligencias, como la mejor manera de describir las habilidades intelectuales de una persona. La genética unida a la educación y el contexto social de cada persona, condiciona que se desarrolle cada una de ellas en grados distintos:

Inteligencia lingüística o verbal: es la capacidad de dominar las palabras ya sea de una manera oral o escrita que tienen los escritores, los poetas, los buenos redactores. Utiliza ambos hemisferios.

Ejemplos importantes son los de: Ernest Hemingway, Winston Churchill, Mario Vargas Llosa, Octavio Paz, Camilo José Cela, gozaron de esta habilidad.

Inteligencia lógica-matemática: utilizada para resolver problemas de lógica y matemáticas. Es la inteligencia que tienen los científicos. Se corresponde con el modo de pensamiento del hemisferio lógico y con lo que la cultura occidental ha considerado siempre como la única inteligencia. Ejemplos destacables son los de Albert Einstein, Boby Fischer, Anatoli Karpov.

Inteligencia espacial o visual: laberintos y puzzles, consiste en formar un modelo mental del mundo en tres dimensiones; es la inteligencia que tienen los marineros, pilotos, ingenieros, cirujanos, escultores, arquitectos, decoradores y diseñadores.

Muestran una gran sensibilidad al color y las formas. Ejemplos serían Pablo Picasso y Leonardo son ejemplos de superdotados visuales.

Inteligencia musical: permite desenvolverse adecuadamente a cantantes, compositores y músicos. Utilizando diversos utensilios o el propio cuerpo, son capaces de conseguir música rítmica, les resulta tan sencillo como respirar. Ejemplos de Peret, Michael Jackson, que son capaces de discriminar sonidos que pasan por desapercibidos a los demás, pero para ellos son esenciales en su trabajo. Cabe destacar el grupo Les Luthiers o anteriormente a Mozart.

Inteligencia corporal cinética: o capacidad de utilizar el propio cuerpo para realizar actividades o resolver problemas. Es la inteligencia de los deportistas, artesanos, cirujanos y bailarines.

Inteligencia intrapersonal: permite entenderse a sí mismo y a los demás; se la suele encontrar en los buenos vendedores, políticos, profesores o terapeutas.

Inteligencia interpersonal: es la inteligencia que tiene que ver con la capacidad de entender a otras personas y trabajar con ellas; se la suele encontrar en políticos, profesores y administradores.

Inteligencia naturalista: define la capacidad de reconocer y clasificar formas y estructuras en la naturaleza. Los antiguos Chamanes eran verdaderos expertos en este arte.

Para Gardner, todas las inteligencias son igualmente importantes y, según esto, el problema sería que el sistema escolar vigente no las trata por igual sino que prioriza las dos primeras de la lista, la inteligencia lógico -matemática y la inteligencia lingüística.

Sin embargo en la mayoría de los sistemas escolares actuales se promueve que los docentes realicen el proceso de enseñanza y aprendizaje a través de actividades que promuevan una diversidad de inteligencias, asumiendo que los alumnos poseen diferente nivel de desarrollo de ellas y por lo tanto es necesario que todos las pongan en práctica.

¿Cómo podemos definir la Emoción?

Daniel Goleman, define a la emoción como un estado que nos mueve o dirige hacia... o inhibe de... y que afecta tanto a las cogniciones como a la conducta. Son las emociones las que nos alertan del riesgo de una situación o de las posibilidades de éxito o fracaso para su afrontamiento.

Un aprovechamiento beneficioso de las emociones nos traerá una mayor responsabilidad de concentración y de prestar atención a la tarea que se lleve a cabo. Una menor impulsividad y mayor auto control. Las emociones son importantes para el ejercicio de la razón.

Entre el sentir y el pensar, la emoción guía nuestras decisiones, trabajando con la mente racional y capacitando —o incapacitando— al pensamiento mismo. Del mismo modo, el cerebro pensante desempeña un papel fundamental en nuestras emociones, exceptuando aquellos momentos en los que las emociones se desbordan y el cerebro emocional asume por completo el control de la situación. En cierto modo, tenemos dos cerebros y dos clases diferentes de inteligencia: la inteligencia racional y la inteligencia emocional y nuestro funcionamiento vital está determinado por ambos.

¿Son malas las emociones? ¿Somos adictos a ellas?

En la película o documental, Y tú que sabes, podemos encontrar una serie de respuestas coherentes y válidas. No, las emociones no son ni malas ni buenas, dependerán del sentimiento que tengamos en ese momento. Las emociones están diseñadas para reforzar químicamente algo en la memoria a largo plazo y es precisamente por ese detalle que las tenemos. Toda emoción es una sustancia química impresa de manera holográfica.

Nosotros somos emociones y las emociones son nosotros, ya que al fin y al cabo, somos la misma cosa.

Una adicción es algo que no puedes detener, que no puedes parar a voluntad. Nos causamos situaciones que satisfarán el ansia bioquímica de las células de nuestro organismo.

Satisfacen nuestras necesidades químicas y pensamos: siempre me pasa a mí, por qué a mí y no le sucede a los demás. El adicto siempre necesitará un poquito más, ya que está ansioso y esa ansiedad, le produce placer. Es algo que él está buscando químicamente. Por tanto, sí no puedes controlar tu estado emocional debes estar adicto al mismo. Nosotros somos emociones y las emociones somos nosotros.

Es una unidad indisoluble, aunque sí manipulable. Cada aspecto de tu digestión, cada esfínter que se abre o se cierra, cada grupo de células que viene buscando nutrición y luego se aleja para curar o reparar algo, todas ellas están bajo la influencia de las moléculas de la emoción. Las emociones no son malas ni buenas, son como la vida misma y somos nosotros los que le damos valor, dependiendo de los sentimientos que tengamos en cada momento. Utilizando los anclajes aprendidos en la PNL, podemos controlarlas a través de lo que sentimos en cada momento de nuestra vida.

Por tanto, el estado emocional en que nos encontramos, determinará nuestra calidad de vida. Las emociones también son una gran fuente de riqueza de nuestras experiencias y por tanto de lo que sentimos y vivimos a cada momento. El problema viene dado por nuestra adicción a ellas. La mayoría de la gente no se da cuenta de que cuando comprende que está adicta a las emociones no es simplemente psicológico, es bioquímico.

La heroína usa los mismos mecanismos receptores en la célula que nuestras sustancias químicas emocionales. Es fácil de ver entonces que si podemos estar adictos a la heroína, podemos estarlo a cualquier péptido neutral, a cualquier emoción.

Un modo de búsqueda relevante que está en acción se relaciona con hallar un cierto estado emocional. Ni siquiera podemos dirigir nuestra mirada, sin tener un cierto aspecto emocional relacionado a ella. Somos lo que damos y damos lo que recibimos y esto se convierte en un círculo vicioso, del que a través de un planteamiento extenso de vida, podemos salir de ese círculo y encaminarnos libremente, hacia nuestro futuro, partiendo del disfrute de nuestro presente.

Por tanto, es nuestra mente, nuestros pensamientos y nuestros sentimientos los que crean nuestro cuerpo. Por tanto, ya que todo empieza en la célula, que es la que produce la proteína pero, la célula recibe su señal del cerebro. Uno de los aspectos más importantes que debemos tener en cuenta acerca de los receptores, es que cambian en su sensibilidad, su receptividad.

Si un determinado receptor para una determinada droga o jugo interno, es bombardeado durante mucho tiempo a una intensidad elevada, literalmente se encogerá, -como lo estudiado por **Maseru Emoto, en el Mensaje del Agua**,- habrá menos de ellos o se enganchará de manera tal que se des regulará, así que la misma cantidad de droga o jugo interno producirá una respuesta mucho más pequeña, con todo lo que conlleva para nuestro organismo y sobre todo, para nuestra mente.

Si conscientemente nos diéramos cuenta de que somos nosotros quienes diseñamos nuestro destino y si fuéramos conscientes desde un punto de vista espiritual, contemplaríamos la idea de que nuestros pensamientos, pueden afectar nuestra realidad o afectar nuestra vida. Al fin y al cabo, nuestra realidad conforma nuestra vida, ya que somos lo que creemos que somos, como decía Buda.

¿Cuáles son las emociones primarias?

El Miedo: Consigue que se retire la sangre del rostro y de otras zonas del cuerpo para llevarla hasta la musculatura de las piernas. De esta forma contamos con el aporte de oxígeno necesario para emprender una posible huida.

Al mismo tiempo, el cuerpo se paraliza durante fracciones de segundo que el cuerpo pensante emplea para calibrar la respuesta más adecuada, por ejemplo, esconderse. Emociones como: Ansiedad, aprensión, temores, preocupaciones, inquietud, desasosiego, estado nervioso, terror, incertidumbre, angustia y en casos extremos fobia y ataques de pánico.

La Tristeza: Tiene la finalidad de ayudarnos a asimilar una pérdida irreparable. Conlleva la disminución de la energía y el entusiasmo con el que acometemos habitualmente las actividades vitales y sociales, y un encierro que nos permite llorar la pérdida, evaluar sus consecuencias y planificar cómo actuaremos cuando retome la energía. Emociones como: pena, aflicción, desconsuelo, pesimismo, melancolía, soledad, autocompasión, desaliento, desesperación y en situaciones patológicas; depresión.

El Enfado: Aumenta el flujo sanguíneo hacia las manos, el ritmo cardíaco y los niveles de aquellas hormonas que, como la adrenalina, generan la cantidad de energía necesaria para emprender acciones vigorosas. Emociones como: rabia, enojo, furia, resentimiento, indignación, animosidad, irritabilidad, hostilidad, exasperación y a veces odio y conductas violentas.

La Alegría: Aumenta la actividad del centro cerebral encargado de inhibir los sentimientos negativos. Crece el caudal de energía disponible y el organismo experimenta entusiasmo ante cualquier tarea. Emociones como: gozo, felicidad, estar contento, deleite, diversión, dignidad, estremecimiento, satisfacción, euforia, éxtasis, placer. En caso extremo puede desembocar en un estado maníaco.

El Amor: Conlleva un estado de calma y satisfacción que favorece la convivencia. El encargado es el sistema parasimpático. Emociones como: cordialidad, aceptación, confianza, amabilidad, afinidad, devoción, adoración, enamoramiento, cariño incondicional.

La Sorpresa: Produce un arqueo de las cejas que aumenta nuestro campo visual, favoreciendo la entrada de luz en la retina. De esta forma obtenemos información adicional sobre el acontecimiento inesperado. Emociones como: sobresalto, asombro, admiración.

La Vergüenza: Produce un aumento de la circulación periférica. Emociones como: culpa, perplejidad, desazón, remordimiento, humillación, pesar y aflicción.

Principios de la Inteligencia Emocional

1. **Percepción**: Cualquier cosa que incorporemos por cualquiera de nuestros sentidos.
2. **Retención:** Corresponde a la memoria, que incluye la retentiva (o capacidad de almacenar información) y el recuerdo, la capacidad de acceder a esa información almacenada.
3. **Análisis**: Función que incluye el reconocimiento de pautas y el procesamiento de la información.
4. **Emisión:** Cualquier forma de comunicación o acto creativo, incluso del pensamiento.
5. **Control:** Función requerida a la totalidad de las funciones mentales y físicas.

Estos cinco principios se refuerzan entre sí. Por ejemplo, es más fácil recibir datos si uno está interesado y motivado, y si el proceso de recepción es compatible con las funciones cerebrales. Tras haber recibido la información de manera eficiente, es más fácil retenerla y analizarla. A la inversa, una retención y un análisis eficientes incrementarán nuestra capacidad de recibir información.

De modo similar, el análisis que abarca una disposición compleja de las tareas de procuramiento de información, exige una capacidad para retener, recordar y asociar aquello que se ha recibido.

Es obvio que la calidad de análisis se verá afectada por nuestra capacidad para recibir y retener la información. Estas tres funciones convergen en la cuarta es decir la emisión o expresión ya sea mediante el mapa mental, el discurso, el gesto u otros recursos, de aquella que se ha recibido, retenido y analizado.

La quinta categoría, la del control, se refiere a la actividad general del cerebro por la cual este se constituye en "desertor" de todas nuestras funciones mentales y físicas, incluyendo la salud general, actitud y las condiciones ambientales.

Esta categoría es de particular importancia porque una mente y un cuerpo sanos son esenciales para que los otros cuatro funcionen - recibir, retener, analizar y emitir puedan operar en la plenitud de su potencial.

¿Cómo podemos controlar las emociones?

Sonríe: Este cambio en los músculos faciales produce una serie de alteraciones bioquímicas, que modifican nuestras emociones y favorecen la salud. Cuanto más sonreímos creamos diversos antioxidantes que nos permiten vivir la vida con mucha mayor vitalidad y energía.

Reenfoca el Problema: Trata de encontrarle lo positivo a lo que sucede, recuerda que las situaciones difíciles son una gran oportunidad para aprender y que has experimentado situaciones conflictivas en el pasado y pudiste seguir adelante.

Practica Ejercicio: Como mínimo 20 minutos al día. Esta práctica nos ayudará a eliminar toxinas y mejorar nuestra tensión arterial, además de dotarnos de un cuerpo mucho más sano.

Expresa tus Sentimientos: Sean molestia o dolor conversando con la persona involucrada (con personas amigas o de confianza) o escríbele una carta donde desahogues tus emociones.

Gerencia con Vitalidad: Como abriendo un camino en busca de la salud integral del profesional competitivo y satisfecho.

Capítulo III. PNL

PNL (Programación Neuro Lingüística)

La PNL, la Programación Neuro Lingüista, es un proceso de aprendizaje que modifica conductas, emociones, valores y creencias, a través de los sentimientos y del lenguaje, para alcanzar el éxito en aquello que modifiquemos.

¿Para qué sirve la PNL?

- Para eliminar traumas, fobias, alergias.
- Para motivar.
- Para cambiar hábitos indeseados.
- Para la elaboración de discursos, textos (combinando expresiones visuales, auditivas y kinestésicas con objeto de captar la atención de las personas pertenecientes a todos y cada uno de los sistemas representativos).
- Para visualizar, para meditar.
- Para llegar a estados de relajación, paz y tranquilidad.
- Para seducir (al fin y al cabo es una comunicación especializada).

La PNL es un proceso de cambio del estado presente, al deseado en el futuro, a través de la Programación de la conducta del individuo, utilizando para ello la Neuro (Sentidos Visual, Auditivo y Kinestésico) y la manera en la que nos comunicamos utilizando la Lingüística o sea el lenguaje. Este puede ser verbal, no verbal (LNV), lenguaje corporal o lenguaje gestual. La PNL, es la ciencia de la voluntad, la persuasión y la comunicación profunda. Una forma de mejorar la calidad de vida de las personas. Así que podemos afirmar que la PNL es una actitud ante la vida y no es un conjunto de técnicas.

La PNL, fue creada por Richard Bandler y John Grinder en la Universidad de Santa Cruz de California en 1977. Cuando Richard Bandler era estudiante en la Universidad de Santa Cruz, en California, empezó a transcribir las sesiones de terapia de Fritz Perls, que por entonces ya era uno de los mejores terapeutas de los años setenta. Esto le brindó la oportunidad de conocer su manera de pensar y de interpretar la vida, además de enterarse de sus estrategias como Terapeuta.

Estudió su discurso, sus creencias y la manera de comunicarse y empezó a crear el modelaje, término que estudiaremos en este libro. Por otra parte, John Grinder era profesor de la lingüística en la Universidad de Santa Cruz y se especializó en el lenguaje y el significado de palabras. Estudiaba la manera en que las combinaciones de palabras eran estructuradas para dar a significado a una frase.

Bandler no había estudiado la carrera de Psicología y no sabía demasiado sobre esta forma de terapia, y lo poco que sabía, lo había aprendido a través de Fritz Perls. El gran descubrimiento de Richard Bandler, fue que él sin saber Psicología, después de haber modelado a Perls, era capaz de obtener los mismos resultados y fue cuando le pidió apoyo a John Grinder ya que él era un experto de la lengua y como Bandler era también informático crearon la PNL.

Programación viene dado porque al estar Bandler relacionado con la tecnología de la información, a través de los ordenadores, utilizó una metáfora de programación, comparando el cerebro humano a una computadora, para poder explicar los mecanismos del cerebro. Si nuestro comportamiento fuese un programa del ordenador, al transformarlo, modificaríamos el resultado a través del Lenguaje.

La PNL se convirtió en un manual de instrucciones para el cerebro humano, que nos permite realizar cambios y modificaciones, que nos lleven a tener una mejor calidad de vida, entendiendo cómo trabaja nuestra mente. Pero, quien mejor para definir, lo que es la PNL, que uno de sus creadores, Richard Bandler: La Programación Neuro-Lingüística es un nombre que inventé para evitar la especialización en un campo u otro.

En la universidad yo era una de esas personas que no atinaban a decidirse, y decidí continuar así. Una de las cosas que la PNL representa es una manera de enfocar el aprendizaje humano. Aunque muchos psicólogos y trabajadores sociales usan la PNL para hacer lo que ellos llaman "terapia", creo que es más apropiado describir la PNL como un proceso educativo.

Básicamente, desarrollamos maneras de enseñarle a la gente a usar su propia cabeza. La mayoría de la gente no utiliza sus propios cerebros en forma activa y deliberada. Su mente es como una máquina carente de un interruptor que la pueda desconectar. Si usted no le da alguna tarea, gira y gira hasta que se aburre. Si se pone a alguien en un tanque de privación sensorial donde no hay experiencias externas, este pronto comenzará a generar experiencias internas.

Si su cerebro está sentado sin ninguna ocupación, va a comenzar a hacer algo, y no parece importar qué sea ese algo. A usted puede importarle, pero a él no. Esta actitud se relaciona con la curiosidad, con querer enterarse de las cosas, con decidir influenciarlas de manera que valga la pena. Todo puede cambiarse. Eso lo dijo Virginia Satir la primera vez, que la vi efectuar un taller, y es absolutamente cierto. Cualquier físico lo sabe.

Cualquier ser humano puede cambiar con un revólver cuarenta y cinco. Que el cambio resulte útil o no, es ya una pregunta más interesante.

Bandler y Grinder, descubrieron lo que estos genios hacen y cómo lo hacen y en lo que dicen y cómo lo dicen, hay elementos que se repiten sistemáticamente: encontraron los patrones de comportamiento de aquello que siempre quedó en el terreno de lo innato.

Simplificaron estos patrones, los depuraron, y dieron forma y sistematizaron tres elementos que están presentes en toda actividad humana:

• La conducta externa: Aquello que la persona hace y dice.
• El procesamiento interno: Aquello que la persona piensa y cómo lo piensa.
• El estado Interno: Lo que la persona siente y cómo lo siente.

Así construyeron el modelo de comunicación e intervención más poderoso descubierto hasta la fecha, que funcionaba en la práctica y podía enseñarse. Sumaron a estas experiencias los apartados teóricos de Gregory Bateson, biólogo-antropólogo británico, especialista en Teoría de los Sistemas. Bateson realizó profundos aportes al modelo de Bandler y Grinder.

Surgieron de esta unión dos orientaciones: una hacia el estudio de los patrones necesarios para sobresalir en cualquier campo de la excelencia personal y otra hacia los patrones de comunicación efectiva.

¿Cómo podemos definir la PNL desde otra perspectiva diferente a la de sus autores?

Tony Robbins es el gran difusor de la PNL y del coaching. Sus libros: Controle su destino y Poder sin límites, resultan muy útiles a la hora de entender e interpretar la PNL y el Coaching. "La PNL es el estudio de cómo el lenguaje, tanto el verbal como el no verbal, afecta a nuestro sistema nervioso.

Pues nuestra capacidad para hacer cualquier cosa en la vida está basada en nuestra aptitud para dirigir nuestro propio sistema nervioso, y los que consiguen cosas sobresalientes lo hacen mediante determinadas comunicaciones con el sistema nervioso y a través de él".

La Programación Neuro Lingüista es un sistema para preparar («programar»), sistemáticamente nuestra mente (neuro), y lograr que comunique de manera eficaz lo que pensamos con lo que hacemos (lingüística), logrando así una congruencia y comunicación eficaz a través de una estrategia que se enfoca al desarrollo humano.

Estudia cómo nos comunicamos con nosotros mismos y cómo nos comunicamos con las otras personas. La PNL nos proporciona un marco de referencia sistemático para dirigir nuestro propio cerebro. Nos enseña cómo dirigir, no solo nuestros propios estados y comportamientos, sino incluso los estados y comportamientos de los demás. En una palabra, es la ciencia de cómo dirigir el propio cerebro de manera óptima para lograr los resultados que uno desea.

La PNL define tres elementos como constituyentes claves de la conducta humana:

El sistema nervioso (el soporte neurológico). El lenguaje que sirve para la comunicación externa e interna (con uno mismo) es verbal y no verbal. La conducta que se puede aprender. Es difícil establecer una definición concluyente de PNL, tiene características que la definirían como el arte y la ciencia de la excelencia personal.

Deriva del estudio de cómo las mejores personas en distintos ámbitos obtienen sus sobresalientes resultados. Trata sobre las ideas y las personas, de comprender y organizar sus propios éxitos de tal forma que puedan disfrutar de muchos más momentos exitosos. Un objetivo es el de construir nuevas opciones de aprendizaje.

¿Cuánto de importante es la información de lo que le ocurre al sujeto y cuánto es la intervención del Terapeuta? Bandler se refiere a ello y nos dice: A menudo he dicho que un buen trabajo de PNL consta en un 95% en obtener información y en un 5% en intervención.

Los primeros cinco pasos son una preparación para la intervención. Esto es lo que garantiza realizar la intervención en forma rápida y suave. Recuerden: los cerebros aprenden velozmente, no con lentitud. Si preparan todo por adelantado, es mucho más fácil el trabajo. Es como poner de pie todos los dominós en fila y luego darle un golpecito al primero.

Posteriormente comenta: La gran mayoría de los estudios acerca del proceso de aprendizaje han sido objetivos. En cambio, la PNL explora la experiencia subjetiva de los procesos mediante los cuales la gente aprende las cosas.

Los estudios objetivos generalmente abarcan a la gente que padece el problema; la PNL se centra en la experiencia subjetiva de las personas que tienen la solución. Si estudian la dislexia, aprenderán mucho sobre dislexia. Pero si quieren enseñarles a los niños a leer, es más sensato estudiar a los que son capaces de leer bien.

Por tanto, aplicando la MHRP, deberemos aprender a realizar preguntas oportunas, utilizando por ejemplo, el Metamodelo del lenguaje. También necesitamos conocer la Inteligencia Emocional, y sobre todo la hipnosis, además de diversas técnicas de motivación que nos lleven a que el sujeto a través de nuestro apoyo, pueda superar sus dificultades y hacer que su vida, cuente todos los días.

Etapas del aprendizaje utilizando la PNL

La PNL explica el proceso de aprendizaje de un proceso en una serie de etapas por las que pasa el individuo que aprende. Son cuatro:

Incompetencia inconsciente (No se sabe qué es un coche y, mucho menos, conducirlo).

Incompetencia consciente (momento en el que más se aprende. El conductor es consciente de que no sabe conducir y lo intenta).

Competencia consciente (El conductor ya sabe conducir y presta demasiada atención al proceso como embrague, intermitentes, palanca de cambio de marchas...).

Competencia inconsciente (Se libera la atención del consciente.

El individuo realiza la acción sin ser prácticamente consciente y puede dirigir así su atención para otras cosas. Así vemos a un conductor hablar, escuchar música, fumar, etc. mientras conduce).

Para Anthony Robbins, la PNL es: un sistema de creencia. Tanto si crees que puedes hacer una cosa como si no, tienes razón. Es una sintaxis mental que es el modo en que se organizan los pensamientos. Fisiología: la manera en que respiramos, las posturas que tenemos etc..., determina el estado presente.

Del encuentro entre la preparación y la oportunidad, resulta el espacio que llamamos suerte. Sistema de creencias: La importancia de nuestro sistema de creencias, vine dado porque cuando una persona considera que no puede hacer algo, probablemente no lo va a intentar, ya que al desconfiar de sus posibilidades, enviará a su sistema nervioso, mensajes coherentes que obstaculizan o excluyen su capacidad para realizar aquello que realmente quiere hacer.

Por el contrario, si envía usted a su sistema nervioso mensajes constantes y coherentes que reflejen la convicción de que puede hacerlo, estos transmiten a su cerebro la señal para que produzca el resultado deseado y ello abre la posibilidad de hacerlo.

Así que si uno logra modelar el sistema de creencias de una persona, habrá dado el primer paso para actuar como lo hace el modelo y producir un resultado similar. Lo más importante es la actitud. Sin una actitud positiva y un sistema de creencias adecuados, tan solo estarás repitiendo palabras, no haciendo PNL.

Esa actitud es fácil de describir: se puede lograr cualquier cosa. Si posees esta creencia, serás capaz de eliminar tus creencias actuales acerca de lo que es posible y comenzarás a descubrir lo que realmente puedes hacer.

De esa forma, tendrás dos opciones, cualquiera que sea la dificultad a la que te enfrentes: puedes hacerlo, o no puedes todavía; en este caso, comenzarás a buscar lo que necesites para hacerlo posible.

Tan pronto como asumas que algo es posible, te esforzarás al máximo y encontrarás las herramientas y las habilidades necesarias para lograr que suceda.

La actitud y el sistema de creencias, queda demostrado que resulta de suma importancia a la hora de conocernos, de saber lo qué queremos, de pagar el precio de conseguirlo, de ponernos a ello, disfrutándolo y por eso la MHRP, al combinar la PNL con la Inteligencia Emocional, la Motivación y la Hipnosis, obtiene grandes resultados que van más allá de la suma de sus partes.

Personas con iniciativa consideran que su voluntad puede determinar su futuro, una actitud que también influye poderosamente en el modo en que abordaremos las penalidades y vicisitudes de nuestra vida laboral.

Un poco más lejos llevado a los extremos, tenemos el ejemplo de Víctor E. Frankl que apunta en su libro: *“El hombre en busca de significado”:*

“Los que hemos vivido en campos de concentración podemos recordar a aquellos hombres que se paseaban por los barracones consolando a los demás, regalando su último pedazo de pan. Tal vez hayan sido pocos en número, pero constituyen la prueba definitiva de que a un hombre se le puede arrebatar todo salvo una cosa: su última libertad, la de elegir la actitud que ha de adoptar en cualquier circunstancia, la de escoger su propio camino”.

La sintaxis mental es el modo en que los individuos organizan sus pensamientos, que es como un código. Un número de teléfono tiene por ejemplo nueve dígitos, y hay que marcarlos en el orden correcto.

Ocurre de la misma manera si queremos entrar en contacto con una parte concreta de nuestro cerebro y de su sistema nervioso que más eficazmente puede ayudarle a lograr la reacción que se propone conseguir. Un caso evidente es el de la comunicación interpersonal.

Muchas veces las personas no se comunican bien entre sí porque utilizan distintos códigos, distintas sintaxis mentales. Descifre usted los códigos y habrá pasado la segunda puerta hacia el modelado de las mejores cualidades de la gente.

La fisiología: También es de suma importancia, lo que oímos, vemos y sentimos. Si queremos estar alegres, escuchemos música, que esté en el mismo nivel de armonía al qué queremos llegar.

Visualicemos imagines positivas para nosotros y apaguemos el telediario, si queremos comer tranquilos y que lo que asimilemos sea positivo. Entre la mente y el cuerpo existe una vinculación total.

El modo en que utiliza usted su fisiología (la manera de respirar, las posturas y actitudes corporales, las expresiones faciales, la naturaleza y la calidad de sus movimientos) determinan efectivamente el estado en que se encuentra.

Y este, a su vez, determina la variedad y la calidad de los comportamientos a su alcance. Si somos capaces de respirar de otra manera, de caminar erguidos, de hablar de una manera pausada, de sonreír, estaremos enviándole a nuestro cerebro la información de que nuestro estado de ánimo ha cambiado.

Por tanto, la postura corporal, las expresiones faciales, los gestos, nuestra mirada, las posiciones de nuestras manos y piernas, nuestro tono de voz y la manera en la que respiramos, harán que nuestro estado de ánimo sea de una manera o de otra.

Las representaciones internas (Kinestésicas), lo que oímos y vemos, además de la fisiología, de la sintaxis mental y nuestras creencias, se influyen mutuamente para crear el estado en el que nos queremos encontrar, del cual al fin y al cabo somos nosotros los responsables de nuestro estado de ánimo y sobre todo de lo que sentimos, para bien o para mal, de nuestros pensamientos y de nuestras emociones.

Por tanto, si queremos sentirnos bien, elevemos nuestra mirada, respiremos de una manera placentera y movámonos como si flotáramos, sonriendo de oreja a oreja, nuestras neuronas harán el resto.

Sonría por favor. A mis alumnos, cuando estudiamos Terapia Integral MHRP, una de las primeras enseñanzas que les doy, es cómo cambiar el pensamiento del hemisferio, utilizando técnicas muy sencillas y eficaces. Preguntar por un número de teléfono, cambiar la altura de la mirada, hacer una respiración lenta y profunda, etc.

Supuestos de la PNL

Para la práctica de la PNL deben darse por ciertos una serie de supuestos que se consideran la base, el contexto de sus prácticas, para la correcta aplicación y desarrollo de sus técnicas. Son un conjunto de principios que tienen distinto origen.

Unos pertenecen a la Psicología Funcional americana, otros tiene sus fuentes en el Empirismo y el Pragmatismo, otros derivan de la Psicología y Psicoterapia Gestáltica y otros más provienen del enfoque sistémico.

Estos principios fundamentan el Sistema de Creencias básico que avala o da soporte a las técnicas de la Programación Neurolingüística.

El mapa no es el territorio

Expresión que Gregory Bateson (Uno de los fundadores del pensamiento sistémico) recoge de Alfred Korzybski. La PNL postula que cada persona construye su propia verdad, que a veces, llamamos el "mapa" del territorio o del mundo. Por tanto, cada uno dispone de su propia realidad y su verdad subjetiva.

Todos los seres humanos tenemos distintos mapas o reproducciones interiorizadas del mundo, con los que nos orientamos dentro del mismo. Sin embargo, ninguno de estos mapas constituye una representación completa y detallada del entorno.

En tanto que la realidad pasa por diversos filtros neurológicos, sociales e individuales antes de ser percibida por nosotros, los seres humanos nunca podremos aprehender la realidad, tan solo somos capaces de conocer nuestras representaciones de la propia realidad.

De hecho, no es la realidad, sino nuestros mapas de la realidad los que le dan significado a nuestras experiencias y los que determinan nuestro comportamiento. No es la realidad en sí la que nos limita o nos autoriza, sino más bien nuestro mapa de la realidad. Ningún mapa refleja al mundo en una forma completa y exacta. Así es posible afirmar que el mundo perceptible es siempre más rico que el modelo que se tiene de él.

Sistema Representacional

La PNL define el Sistema Representacional, como la forma en que recogemos, almacenamos y codificamos la información en nuestra mente, a través de lo que vemos, escuchamos y oímos, sentimos, gustamos y olemos. Por tanto, necesitamos una serie de filtros que nos permitan definir la información que recibimos. Los filtros que ponemos en nuestras percepciones determinan en qué clase de mundo vivimos. Si usted va buscando por el mundo la excelencia, encontrará la excelencia.

Según la Ley de la Atracción, atraemos lo que pensamos, de tal forma que esos filtros están influenciados por los mapas y se retroalimentan mutuamente. Cambiando sus filtros, usted puede cambiar su mundo. Si quiere cambiar su realidad externa, cambie primero su realidad interna.

Bandler y Grinder escriben al respecto, cuando nos cuentan para qué lo utilizan: "Usamos nuestras técnicas de formalización para explorar y comprender los otros sistemas representacionales, usados por seres humanos para organizar y crear modelos de su experiencia. Estos mapas de experiencia (kinestésicos, visuales, auditivos, olfativos y gustativos) fueron usados como base para expandir nuestro modelo de terapia.

Los resultados fueron fascinantes y útiles. Encontramos, primeramente, que la mayoría de las personas tiene un sistema representacional altamente valioso, que usan preferentemente para organizar su experiencia, y que este sistema altamente valorado puede ser fácilmente identificado al escuchar los predicados (adjetivos, adverbios, verbos) usados en el discurso de cualquier persona.

"Por ejemplo, una persona con un sistema representacional que valora lo visual describirá su experiencia con predicados que presuponen un sistema visual tal como: Yo veo lo que Ud. dice, claramente, al mirar este trabajo le mostrará cómo puede mejorar su tarea. Las personas con preferencias por el sistema representacional kinestésico usara predicados que presuponen representaciones kinestésicas.

Por ejemplo, Yo quiero que usted tome firmemente esta idea: yo siento que Ud. puede superar problemas duros. ¿Puede Ud. conectarse con lo que significa esto, y podrá manejarlo? Una persona cuyo sistema representacional es auditivo usará predicado que presuponen representaciones auditivas.

Por ejemplo, dirá, Suena interesante...; hablaremos más tarde; tendré noticias de él pronto, de manera que en otras palabras, nos reuniremos y podremos escuchar lo que cada uno tiene para decir.

También encontramos que estos terapeutas e hipnotistas que eran muy eficientes en su tarea tenían un modo sistemático de utilizar los sistemas representacionales más valorados de sus clientes, aunque no fueran conscientes de ello.

El comprender cómo un cliente organiza su experiencia en términos de estos sistemas representacionales tiene una gran recompensa tanto para el terapeuta y el profesional de la hipnosis".

Por tanto, tenemos que tener en cuenta que el **El lenguaje es un filtro**; refleja pensamientos y experiencias de nosotros, trasladando el mundo real a nuestro interior. Habilidades valiosísimas en la comunicación.

Emplear palabras precisas que tengan significado en el mapa de los demás y determinar de manera precisa lo que una persona quiere decir con las palabras que usa. Lo importante no es lo que decimos, sino lo que las otras personas entienden de lo que les contamos.

Los Sistemas Representativos

Son las formas en las que representamos las experiencias y a través de las cuales nos expresamos. Se basan en los cinco sentidos:

Vista,

olfato,

gusto,

tacto

oído

Que denominamos "canales" de comunicación. Las personas son más predispuestas a usar uno más que otro en su interacción con el mundo y sus procesos internos.

Los sistemas de representación se expresan también por medio del lenguaje de tal forma que podría darse el caso que, entre personas que usen distinto tipo de canal, se produzcan dificultades en la comunicación a la hora de expresar el mensaje. Empleamos los mismos caminos neurológicos para representar la experiencia en nuestro interior que para experimentarla directamente.

Existen tres Sistemas Representacionales básicos: Visual, Auditivo y Kinestésico.

V = Visual: que implica la capacidad de recordar imágenes vistas con anterioridad y la posibilidad de crear otras nuevas, así como de transformar las ya vistas. Las personas visuales tienden a considerar al mundo en imágenes, se sienten más fuertes cuando están en comunicación con la parte visual de su cerebro, es decir, plasman las imágenes en palabras.

A = Auditivo: que es la capacidad de recordar palabras y sonidos escuchados con anterioridad y de formar otros nuevos. Los del tipo auditivo suelen ser más selectivos en cuanto al vocabulario que usan. Hablan con voz bien timbrada y un ritmo más lento, más regular y más comedido.

K = Kinestésico: aquí se incluyen las sensaciones corporales, táctiles y viscerales. Las perceptivas, las emociones, sabores y olores. Los sensoriales Kinestésicos son todavía más lentos, reaccionan principalmente ante las sensaciones táctiles, epidérmicas y hablan más despacio.

En cada persona se destaca una de estos sistemas representacionales, lo que determinará sus prioridades, sus intereses, su manera de percibir el entorno, y por lo tanto, sus reacciones al mismo.
Un sistema representacional puede ser más o menos adecuado que otro, dependiendo del contexto.

Por ejemplo, si va a comprar zapatos para ir de excursión, le convendrá evaluar mediante el sistema Kinestésico más que por el visual.

¿Cómo podemos detectarlos fácilmente? Es posible definir cuál es el sistema representacional que predomina en cualquier persona, observando: los predicados y construcciones verbales que utiliza, a su proceso de pensamiento, a sus accesos oculares y a los indicadores conductuales.

Submodalidades de los sistemas representativos

Las Submodalidades son las distintas variables que pertenecen a un mismo sistema de representación. Por ejemplo; para el sistema representativo de la vista le corresponden las submodalidades de brillo, contraste, tamaño de la imagen, dimensiones de la imagen, etc.

Es imposible pensar en nada o recordar una experiencia sin que tenga una estructura en submodalidades. El impacto y significado de un recuerdo o pensamiento es más una función de unas pocas submodalidades críticas que del contenido. La memoria del hecho puede modificarse.

¿Qué diferencia hay entre la imagen de un sueño y la imagen de un recuerdo "real"? ¿Cómo sabe que una es real y otra no?

Por la organización de los sistemas de referencia y la disposición específica de las submodalidades que tenga la persona en concreto.

Descripción triple de la realidad

Podemos examinar, analizar la realidad desde múltiples perspectivas. En PNL existen tres: La posición A (Estado asociado en el que el sujeto experimenta en primera persona el suceso).

La posición B (Estado disociado en el que el individuo experimenta la situación desde otra persona, otra perspectiva)

Y la posición C (Cuyo papel es el de un observador que viera la interacción entre A y B)

Las tres tienen la misma importancia, la cuestión está en saber moverse por ellas libremente.

Rapport o Sintonía

Es el encontrarse en la misma longitud de onda que otra persona; estar sintonizado con ella. La sintonía se presenta cuando se refleja o se comparte el comportamiento de otra persona en una diversidad de niveles. Fundamentos: es el principal elemento de toda comunicación y cambio en la PNL.

Está determinado por el contacto, acoplamiento y sincronización entre dos personas, donde interviene de una manera especial, el modelo del mundo de la persona a la que le hacemos el Rapport, o sea su mapa que se manifiesta por su Sistema Representativo. ¿Cómo sabemos que estamos en el círculo de la comunicación? ¿Cómo sabe usted que dos personas están en sintonía?

Rapport significa "acompañar" con la finalidad de establecer una empatía con la/s persona/s con la/a que hablamos que facilite la comunicación ya que facilita el contexto de afectividad adecuado.

Leading significa "guiar" a una persona. Este proceso es útil cuando nuestro interlocutor se encuentra en un mal estado. Así, vamos sacando de ese estado mental a la persona.

Anclas o Anclajes

Un ancla es cualquier estímulo que da paso a un estado emocional diferente al que teníamos antes de que el Ancla fuese accionada.

Existen diferentes tipos de anclas:

Visuales, Auditivas o Kinestésicas.

Todos los anclajes son asociaciones que se crean entre los pensamientos, las ideas, las sensaciones o lo estados en los que se encuentra el sujeto al ser anclado y un estímulo determinado que es el que hace que se produzca el anclaje en cuestión.

El anclaje por tanto también es un medio para garantizar el acceso constante a nuestros mejores recursos, teniendo la seguridad que a través de ellos, podemos obtener lo que necesitamos en cada momento de nuestra vida. La clave consiste en tomar conciencia del proceso y saber detectar los anclajes que tenemos y de esta manera eliminarlos o sustituirlos por otros más acordes con nuestros deseos.

La mejor manera de entender lo que es un ancla, es por ejemplo, refiriéndonos a un semáforo. Las personas que vivimos en ciudades o pueblos con semáforos, sabemos de sobra lo que significan los colores, no así los aborígenes de un poblado remoto, que viven al margen de nuestra civilización.

Por tanto las anclas no son universales, ya que son meramente culturales.

El color verde, indica que podemos seguir. El amarillo que debemos tener cuidado y el rojo, que debemos detenernos inmediatamente. Es un ancla visual. Por ejemplo un ancla auditiva, es el ruido del despertador, o el timbre de colegio.

O un sonido que escuchamos y nos produce una serie de sentimientos insospechados. De ahí que podemos pasar en décimas de segundo de la alegría al llanto, al escuchar una sola canción que nos evoca recuerdos y a través del anclaje, se vuelven a manifestar.

Los anclajes se pueden hacer más fuertes, cuando el sujeto se encuentre en un estado de gran intensidad, con fuerte demanda simultánea del cuerpo y del espíritu, si bajo estas condiciones se le proporciona de manera concurrente y regular un determinado estímulo coincidiendo con el momento culminante de dicho estado, se creará entre este y el estímulo un vínculo neurológico.

Más adelante, cada vez que aparezca el estímulo se suscitará aquel estado intenso de manera automática. En mis sesiones de Terapia MHRP, al tener a la persona en Trance Hipnótico, utilizo múltiples anclajes para que la persona, pueda ella cuando así lo desea, desencadenarlos y obtener los resultados idóneos a sus necesidades. Resulta interesante resaltar que un ancla que tengamos asociada, no haya tenido que sucedernos a nosotros.

Por ejemplo el ruido de una ambulancia nos produce temor o miedo, y eso que nunca hemos viajado en una. El anclaje se produjo posiblemente cuando nos contaron que fulanito de tal iba en una ambulancia, una ancla auditiva o lo vimos en alguna película, un ancla visual o lo soñamos, esta sería un ancla Kinestésica.

Un anclaje Kinestésico, sería cuando el anclaje se produce por el tocamiento o roce corporal. Por ejemplo, la palmada en la espalda del jefe al subordinado.

Una caricia a la persona adecuada, en un momento determinado. La vida de muchas personas está limitada innecesariamente por este tipo de respuestas que se originaron en el pasado y pueden todavía estarse generando.

La mente está continuamente dispuesta a hacer asociaciones y ahí es donde podemos influir: podemos elegir asociaciones que queramos hacer, decidiendo qué estado emocional deseamos tener para enfrentar una experiencia, sea pasada, actual o futura.

¿Cómo? : creando una nueva asociación y por tanto, una nueva respuesta utilizando las anclas. Como las anclas son estímulos que se encuentran asociados a estados emocionales o mentales y que pueden traerse al momento actual. La mente enlaza experiencias de modo natural, es como damos significado a las cosas que hacemos y estas asociaciones pueden ser gratificantes o inconvenientes.

Las anclas habitualmente son externas y cada vez que se ponen en práctica se fortalece la asociación existente, sea el ancla Kinestésica o de algún otro tipo. Un ancla pues, es cualquier cosa que da acceso a un estado emocional. Y ¿cómo se crean los anclajes?

Cuando ocurre algo acompañado de una emoción fuerte en una ocasión, o bien cuando la asociación se da por repeticiones, aun cuando no haya emociones de por medio, por ejemplo sirenas de ambulancia, un uniforme, una cita, etc.

Una melodía puede ser un ancla auditiva, al igual que una palabra. Un letrero o cartel también. Esta sería un ancla visual. El que te toquen en alguna parte del cuerpo podría ser un ancla Kinestésica. Existen tipos de anclas que resultan inadecuadas. Como el miedo a hablar en público, producido en una gran mayoría de los casos, por algún trauma en la infancia y que se vuelve a reproducir, cada vez que nos encontramos ante esa situación desagradable para el sujeto.

Para Robbins el anclaje es un modo de asegurar la permanencia de una experiencia determinada. Podemos cambiar nuestras representaciones internas o nuestra fisiología en un momento para generar nuevos resultados, y esos cambios requieren un pensamiento consciente.

Ahora bien, por medio del anclaje se crea un mecanismo de funcionamiento seguro, que se dispara automáticamente para crear el estado que uno desee en cualquier situación, sin necesidad de pensarlo.

Cuando algo está anclado con eficacia suficiente, lo tiene a mano siempre que lo necesite. El anclaje es un medio para garantizar el acceso constante a nuestros mejores recursos; es la seguridad de tener siempre lo que necesitamos.

¿Cómo se crean las anclas?

Cuando ocurre algún evento visual, auditivo o Kinestésico, acompañado de alguna emoción fuerte y existen anclas que al ser visuales, auditivas y kinestésicas, el resultado es más fuerte.

Por ejemplo en las Olimpiadas, al cantar el himno nacional, ver como se eleva la bandera y tocarse el pecho, el anclaje a partir de ese momento, cada vez que escuche el himno de su país, le traerá recuerdos muy positivos.

La bandera, como otras muchas cosas que nos rodean, es un ancla, un estímulo sensorial unido a un conjunto determinado de estados. Un ancla —un anclaje— puede ser una palabra, una frase, un contacto o un objeto. Puede ser algo de lo que vemos, oímos, tocamos, olfateamos o saboreamos. Las anclas son muy potentes porque dan acceso instantáneo a estados de gran fuerza.

Es lo que ocurre cuando uno ve la bandera. Advertimos inmediatamente las emociones y sentimientos intensos que, a su vez, representan lo que sentimos acerca de la nación en su totalidad, al haberse vinculado o asociado tales sensaciones con unos determinados colores y figuras sobre la tela. Muchos anclajes son negativos o desagradables o quizá peor. Por ejemplo si has tenido un percance con tu coche en un determinado punto, si no lo eliminas, cada vez que pases por ese punto, te asociarás al suceso.

Por ejemplo, después de haber mantenido una fuerte discusión con tu pareja o con tu jefe, sino eliminas el anclaje, cada vez que le veas, oigas o pienses en la persona, el anclaje se disparará y tu estómago se llenará de gases y estará a punto de estallar.

¿Qué hacer entonces? Puedes realizar otro anclaje, que te produzca la reacción que quieras en ese momento. Por ejemplo, en la MHRP utilizamos disociaciones que te permiten salir del atolladero.

Ahora mismo probablemente a usted le ha empezado a doler el estómago y producido gases. Cuando pienses en el problema y te produzca miedo, tristeza, enfado, o asco, cambia de hemisferio cerebral y sal inmediatamente del hemisferio derecho.

¿Cómo? Cierra tus ojos por un momento. Haz una respiración lenta y profunda e imagínate una serie de números, o pregúntate cuanto es uno más uno o mira al techo y quédate observándolo fijamente durante algunos segundos. Ves cómo da resultado.

Si tienes que ponerte a trabajar y tienes problemas emocionales, necesitas escuchar estímulos positivos; escucha música que te levante la moral y nada de poner música romántica y menos aquella, en la que todavía estés anclado.

En este momento escucho a Carlos Vives y su gota fría y me imagino bailando en una playa caribeña, al anochecer y sin mosquitos. Además, ya que me pongo, me imagino bailando con tremenda mujer de ojos negros apasionada y disfrutando de cada letra que escribo. Ahora me vuelvo a centrar en lo que hago y esos segundos de disfrute, me han valido tanto como un té verde.

Ojo que el anclaje funciona de igual manera si es positivo que negativo. Por lo tanto en cuanto lo detectes y no te guste, cámbialo, así de fácil.

Yo me hago los anclajes y asimilo lo que hago, ya que en la MHRP, resulta de suma importancia predicar con el ejemplo y quién mejor que el creador del Método, para hacerlo. Yo no le debo pedir a usted que haga esto o aquello y yo sin embargo realizo la operación contraria.

O no le puedo decir que utilizando la MHRP, puedo quitar fobias, traumas o alergias y yo estar anclado en alguna de ellas. Por tanto los anclajes que producen fobias o traumas o alergias, hay que saberlos eliminar, para así no dejar que el detonante estalle y se reproduzca aquello qué queremos evitar.

Movimientos oculares

También "pistas de acceso ocular". Existe una conexión entre el movimiento de los ojos y los sistemas representativos (El sentido que usamos normalmente para realizar los procesos mentales) "mirar" hacia un lado concreto a la hora de buscar información es una habilidad muy útil. Recordar que hay una relación entre el movimiento lateral de los ojos y la activación de algunas de las zonas del cerebro. "No se puede no comunicar".

La comunicación está compuesta por un mensaje que pasa de una persona a otra. Un buen comunicador se asegura de que sus oyentes entienden el mensaje de su comunicación y que él mismo es capaz de entender un mensaje de los demás.

Piensa también que el significado de la comunicación es la respuesta que usted obtiene. De tal forma que no basta con la intención de comunicar y hay que asegurarse de la correcta interpretación de lo que hemos querido expresar. La comunicación es un objetivo y tiene un ciclo: uno influye y también es influido por los demás.

El pensamiento de la PNL se basa en los sistemas; no se puede ser maestro sin tener alumnos, ni vendedor sin comprador. "La mejor manera de cambiar a los demás es cambiar uno mismo, porque así cambiamos las relaciones y, por consecuencia, los demás cambian también".

El lenguaje del cuerpo (Postura, gestos, contacto visual) es el 55% de la comunicación; 38% tono de voz (Contexto) y 7% palabra (Contenido). La cuestión es ser o no consciente de la influencia que uno crea. Cada persona ya dispone de todos los recursos que necesita en la vida, pero a veces no tiene acceso a estas capacidades.

Bajo cualquier comportamiento yace una intención “positiva" Aunque, a veces, esta intención no sea "ecológica". Por ejemplo la de un alumno que molesta en clase tal vez solo necesite más atención.

Capítulo IV

¿A qué nos ayuda el Coaching, La Inteligencia Emocional y la PNL?

A superar el acoso o Mobbing

El Mobbing en el Trabajo

Para que exista un verdugo tiene que haber antes una víctima.

Cuando una persona se siente débil, inconscientemente emite vibraciones que otras personas y animales entienden y éstos al percibirlas atacan al débil hasta quitárselo de encima, llegando en muchos casos -en animales- hasta la muerte del frágil.

Los primeros estudios sobre el Mobbing, fueron realizados por el etólogo y premio Nobel de 1973 en Medicina, Konrad Lorenz, estudiando el comportamiento de aves. En un principio analizó el comportamiento de pequeños pájaros que se unían para atacar a otro más grande, hasta hacerle huir o matarlos. En su libro sobre la agresión de las aves, publicado en 1966, realizó un amplio estudio, donde también contemplo esta provocación entre individuos de una misma especie. Lorenz no se conformó con la observación, sino que hizo experimentos que el llevaron a pronunciar la célebre frase:

"Cualquier mujer pasada por un filtro, resulta una Helena de Troya".

Para ello comparó al macho humano, con el macho de la paloma común. Él había observado, al igual que la mayoría de las personas asiduas a los parques, que cuando una paloma macho, en cualquier parte del mundo, se encuentra con una paloma hembra, invariablemente el macho, a los pocos minutos la intentará seducir.

Konrad Lorenz, fue a un parque cercano a su estudio y capturó a dos palomas. Un macho y una hembra. Los metió a los dos en una jaula y a las pocas horas el palomo intentó seducir a la paloma. Sacó a la paloma hembra de la jaula y metió en su lugar a una paloma hembra disecada. A los pocos minutos el palomo macho intentaba frenéticamente aparearse con la paloma disecada.

El macho debía de estar maldiciendo, por no poder entender lo que le estaba pasando. Así que cuando Konrad Lorenz sacó a la paloma disecada de la jaula y puso en su lugar un pañuelo blanco, sujetado por un palo, el macho desesperado, intentó a duras penas embobar a su amada.

A Lorenz le dio tanta pena del pobre palomo, que decidió soltarle y dejarle en libertad. Pero ésta vez, al abrir la jaula, el palomo en represalia le dio un picotazo en la mano.

Pero volvamos al Mobbing. Muchos de nosotros cuando fuimos niños lo sufrimos en nuestras carnes y tuvimos que defendernos a puñetazos o con otras artes, igual de eficaces.

"Acabamos por habituarnos a todo, y muchos terrores son, en su mayoría, pura imaginación". W. Von Humboldt.

¿Por qué se produce el Mobbing?

Probablemente el investigador Iñaki Piñuel y Zabala sea uno de los mayores y mejores conocedores en España, sobre esta lacra social que tenemos que superar como humanos que somos. He utilizado sus libros a la hora de apoyar a mis alumnos en las UFIL (Unidades de Formación e Inserción Laboral) donde he dado clases y conferencias entre 2008-10.

Allí me he encontrado con los casos más graves de Mobbing entre jóvenes en su mayoría extranjeros que según ellos, para sobrevivir, lo utilizaban con otros grupos y en algunas ocasiones, con sus propios compañeros de comunidad.

En el trabajo, suele producirse entre jefes y subalternos o entre compañeros. En el fondo y la forma, el Mobbing resulta muy parecido en cualquier tipo de acoso, ya sea laboral, escolar, grupos o comunitario.

Se empieza gritando, insultando, provocando, irritando a la persona afectada, hasta ir sacándola de sus casillas, sin tener en cuanta las mínimas leyes de urbanidad. Se suele iniciar estando a solas el acosador y el acosado y posteriormente, para acentuarlo aún más, se realizará delante de los demás compañeros de trabajo, ridiculizándolo en busca de apoyos por parte del acosador, lo que podrá llevar a un lánguido deterioro de la confianza en si mismo y en sus reales posibilidades profesionales.

El sentimiento de inferioridad y ridículo que soporta el acosado, se acentúa aún más de esta forma y las defensas se debilitan, hasta llevar al sujeto a niveles profundos de depresión, estrés e impotencia, que son las consecuencias buscadas por el perseguidor en un proceso de desvaloración del perseguido.

En el trabajo se suele utilizar la técnica de asignar trabajos imposibles de realizar en una fecha determinada, impuesta por el propio acosador o la de exigir dos trabajos contrapuestos, en el que si realiza uno, deshace el otro, como si fuese un nudo gordiano.

El siguiente paso que se ejecuta, es la amenaza continua para desequilibrar aún más al atormentado, hasta hacerle dimitir o conseguir lo que se le pedía. Se le modifican las fechas de vacaciones, el horario de entrada o de salida. Si es posible, se le degrada y se le baja el sueldo, desarrollando un sentimiento de culpabilidad en la víctima, que se traspasará a su vida privada.

Cuando el acosado hace un buen trabajo o tiene alguna buena idea, se le quita de inmediato y se le aplica a otro componente del grupo, degradando día a día al individuo, haciéndole que haga trabajos muy por debajo de su capacidad laboral. Se le marginará en una labor repetitiva y sin ningún tipo de estímulo, ignorándolo en todo momento, haciéndole sentirse inferior a cada momento, haciendo creer a la víctima que ha cometido grandes equivocaciones, faltas u olvidos. Esto le llevará a enfrentarse a sus compañeros, amigos y familiares pudiendo transmitir su ira desatada.

En el caso de Mobbing sexual, cuando el acosador obtiene algo de lo que busca, premia a su víctima con alguna satisfacción y eso en el cerebro y en las conexiones entre las neuronas, hace que se produzcan feromonas de placer.

Se le dice, si eres bueno o buena, entonces te daré lo que me pidas, aunque en realidad, es un chantaje emocional tan fuerte, que o se supera o se hará crónico, dejará de ser Mobbing y se convertirá en maltrato psicológico.

Se le culpará de todos los males que ocurran en el trabajo y se le irá aislando día a día, hasta dejarle solo y si algún compañero le intenta ayudar, sobre este último caerá también toda la rueda de la falsedad, logrando que el afectado somatice el conflicto, pudiéndole producir enfermedades físicas o psíquicas.

Se le manipulará en su vida privada, haciéndole creer a su pareja, que le están engañando. Si todo esto no da resultado, se le bloqueará su carrera profesional, hasta pisotear su autoestima, sus valores y su vida penetrando en sus temas privados, correos electrónicos, llamadas telefónicas etc. Las consecuencias se pueden resumir en una cierta inseguridad, desaciertos, e incertidumbres.

En el caso de que el acosado pida una baja laboral, posiblemente habrá perdido la batalla, ya que la incertidumbre resulta mucho más dañina que el saber la realidad concreta.

Al reincorporarse otra vez al trabajo, la violencia psicológica persistente hará que la persona tire la toalla, haciendo aún más fuerte al acosador que invariablemente buscará a otra persona para hacerle Mobbing, ya que biológicamente esto le repercutirá en una satisfacción continua.

"El miedo se halla siempre dispuesto a ver las cosas más feas de lo que son". Tito Livio. LIX (59) AC

¿Cuál es el perfil del acosado?

"El perfil describe un conjunto de características específicas, que en el caso del perfil profesional describe un puesto de trabajo. Las características pueden enfocarse en rasgos de personalidad, valores, destrezas, educación, experiencias o en cualquier otra cualidad necesaria para identificarlo. Cada trabajo tiene su propio perfil que lo define y diferencia". Jaime Javier Esquivel C. Universidad Autónoma de Chiriquí.

Para Manuel Correa Carrasco, en su libro *"Los medios de tutela frente al acoso moral en el trabajo"*, el perfil se ciñe a personas que suelen ser envidiadas por sus características personales, sociales o familiares, por su éxito social, su buena fama, inteligencia, apariencia física. El Mobbing suele afectar a trabajadores perfectamente válidos y capaces, bien valorados y creativos.

Muy frecuentemente se trata de adultos superdotados, de forma que suelen ser, paradójicamente, los mejores de la organización. En otros casos se debe a haberse resistido la víctima a participar, colaborar o a mirar a otro lado mientras se producían enjuagues, es decir, por aquello que conocen o han presenciado. Otro perfil es el de aquellos que presentan un exceso de ingenuidad y buena fe y que no saben hacer frente desde el principio a aquellos que pretenden manipularlos o perjudicarlos. También se elige a la víctima debido a su juventud, orientación sexual, ideología política, religión, procedencia geográfica, etc.

Es muy frecuente que se seleccione a las víctimas entre personas que presenten un factor de mayor vulnerabilidad personal, familiar o social (inmigrantes, discapacitados, enfermos, víctimas de violencia doméstica, mujeres u hombres atractivos...).

En estos casos la posibilidad de hacer frente a los acosadores disminuye, viéndose facilitada la impunidad de éstos. Las víctimas, pues, suelen ser personas con elevada ética, honradez y rectitud, así como con un alto sentido de la justicia. Personas con alguna característica que los distingue, como las ya apuntadas (jóvenes, mujeres, minorías...).

Personas altamente capacitadas. Personas populares, líderes natos. Personas con una elevada capacidad empática, sensibilidad o comprensión del sufrimiento ajeno. Personas con situaciones personales o familiares altamente satisfactorias. Personas en situaciones de alta vulnerabilidad.

De una manera sesgada, recuerdo a Pedro Picapiedra (dibujos animados de los años sesenta y setenta, donde un vecino se aprovechaba del otro, ascendiendo a su costa y tratándolo de idiota) abusando del pobre Pablo Mármol o del padre del protagonista de la película Regreso al Futuro, donde no se le hacía un Mobbing, aunque si se abusaba de la buena voluntad del amigo.

¿Cómo reconocer al acosador por su perfil?

Se han realizado estudios exhaustivos al respecto, de los que cabe destacar el trabajo realizado por Federico Navarro Nieto, en *"La tutela jurídica frente al acoso moral laboral"*, Para él, el fin último del acosador es el asesinato psicológico de la víctima, y el motivo principal encubrir la propia mediocridad, todo ello debido al miedo y la inseguridad que experimentan los acosadores hacia sus propias carreras profesionales.

De este modo se puede desviar la atención o desvirtuar las situaciones de riesgo para ellos, haciendo de las víctimas verdaderos chivos expiatorios de las organizaciones.

La mera presencia de la víctima en el lugar de trabajo desencadena, debido a sus características diferenciales, una serie de reacciones inconscientes, causadas por los problemas psicológicos previos que presentan los hostigadores. En otras ocasiones, el temor procede de la amenaza que supone para éstos el conocimiento por parte de la víctima de situaciones irregulares, ilegales o de fraudes.

Los agentes tóxicos del acoso son en la mayoría de los casos los superiores o jefes, apoyados a menudo por esbirros o sicarios. También hay muchos acosadores entre los propios compañeros de la víctima, y se calcula que, en un 4% de casos, el Mobbing es de tipo ascendente, es decir, del subordinado al superior.

Es frecuente la actuación de los acosadores en grupos o bandas de acoso, y los actos de hostigamiento suelen ser, como se ha visto, gritos, insultos, reprensiones constantes, humillaciones, falsas acusaciones, obstaculizaciones, bromitas, motes...

Todo lo cual puede desembocar en el auténtico linchamiento psicológico de la víctima, que si es practicado entre todos los trabajadores es muy difícil de probar, por lo que el asesinato psicológico habrá resultado perfecto.

Por eso es muy importante no llegar a este último caso y para ello, que mejor manera de hacerlo que:

¿Qué puede hacer el atormentado y angustiado proscrito?

Enfrentarse al problema y vencerlo o, si no, huir como un cobarde, esperando a que le vuelva a ocurrir nuevamente a la primera de cambio y así poderle echar la culpa de sus males a los astros que no estaban en buena posición ese día.

Si en algo nos distinguimos los humanos de los demás animales, es por nuestra capacidad de aprendizaje y por poder aprender de nuestra experiencia y de la de los demás.

Hemos evolucionado en este aspecto hacia atrás, ya que en la selva si un jaguar ataca a un puerco espín siendo el felino pequeño, acabará lleno de púas por su cara y por parte de su cuerpo y la siguiente vez que lo vea, le dejará tranquilo.

Sin embargo, el humano no suele aprender de sus errores y aquí está el problema. De qué nos sirve, razonar e imaginar, utilizar herramientas e instrumentos, el poder ir a la Luna e intentarlo próximamente con Marte, si no somos capaces de enfrentarnos a nosotros mismos y a los demás, luchando y construyendo nuestro futuro.

El Coaching, nos brinda herramientas para enfrentarnos a casi todo en esta vida y por tanto, tomemos nota de lo que nos ofrece.

Existen diversas formas de enfrentarse al tema. Marie-France Irigoyen, refiriéndose a los trabajos realizados por Iñaki Piñuel escribe:

"Según Iñaki Piñuel, el reproche más frecuente que se dirigen a sí mismas las víctimas del acoso laboral es no haber hecho frente a tiempo al problema.

La negación del problema suele ser el primer y principal obstáculo para comenzar a darle respuesta y solución, de manera que se pretende hacer frente cuando ya es demasiado tarde. Esta negación o inhibición ante el problema se produce cuando el afectado percibe, sí, una amenaza extraordinaria para su integridad, pero cuyo afrontamiento efectivo es percibido como extremadamente doloroso.

Se deja pasar el tiempo con la ilusión de que este lo remedia todo, pero la experiencia práctica apunta a todo lo contrario: lo que se produce en realidad es el enquistamiento del problema. Por tanto, es necesario plantar cara de manera decidida desde el primer momento, ya que el mecanismo destructivo del hostigamiento psicológico no puede operar cómodamente contra una víctima activa y asertiva que da respuestas.

El acosador requiere para su actuación de la paralización de la víctima desde el principio y que ésta no haga nada. El mecanismo perverso del mobbing requiere y cuenta con esta parálisis. Ver a Hirigoyen, Marie-France: *"El acoso moral, el maltrato psicológico en la vida cotidiana"*. De esta manera, se aconseja al trabajador y a las organizaciones que lo apoyan:

Tomar conciencia del derecho a la dignidad en el trabajo.
Labor preventiva.

Información.

Asistencia, apoyo y entrenamiento en la respuesta activa por parte de especialistas.

Evitar a toda costa el retraso en la solución del problema.

Este retraso en el afrontamiento activo del problema, así como la llamada "reacción poliánica" ('no querer ver el mal', 'no pensar mal', 'no criticar', 'no hacer daño a nadie') para Iñaki Piñuel lo único que consiguen es facilitar el camino al acosador hacia nuevas agresiones y nuevas víctimas".

Respuesta que le da el Coaching al Mobbing.

Probablemente uno de los mejores libros escritos sobre el Coaching en general, sea el escrito por Talane Miedaner, Coaching para el éxito. En este libro se analiza una manera de protegerse de los comentaros nocivos que pueden llevar a una persona a sentir en sus carnes el tan temido Mobbing.

Talane Miedaner establece cuatro pasos para protegerse de los comentarios desagradables. Parte de la premisa de que nadie tiene poder sobre ti, si tú previamente no se lo das.

He aquí cómo frenar ese tipo de conductas de una manera efectiva y elegante. (Señoras, estad muy atentas: en este apartado las mujeres tenemos tendencia a ser particularmente débiles).

Informar: ¿Te das cuenta de que estás gritando? O ¿Te das cuenta de que este comentario es hiriente? O bien: No te he consultado sobre esta cuestión. Si la persona continua con su inaceptable conducta, pasa al segundo paso, pero nunca antes de haber dado el primero.

Pedir por favor, deja de gritarme. O solo te he pedido una crítica constructiva. Si la persona no lo entiende y continúa actuando del mismo modo, prueba con el tercer paso.

Exigir o insistir: Insisto en que dejes de gritarme ahora mismo. Si la persona aún persiste en su conducta, da el siguiente paso.
Irse (sin entrar en la discusión ni responder de mala manera). No puedo continuar con esta conversación si sigues me voy. Si a partir de ahí, tu relación con esta persona no se modifica, puede que necesite dejarla o bien hacer una terapia. Quienes te quieren de verdad respetarán tus límites.

La clave del éxito de estos cuatro pasos es hablar con un tono de voz neutro. No levantes la voz, ni hables más bajo de lo normal.

Para Gerardo Mediavilla Nieto, en el libro: *¿Por qué la has tomado conmigo?*, el primer paso para liberarse del Mobbing, es precisamente reconocer que se está siendo víctima de un acoso; algo que no siempre es fácil. Para la víctima, lo más importante es que él sepa que lo que le ocurre es un acoso psicológico y que esto es un delito.

Una vez que ya se es consciente de eso, es necesario recibir tratamiento psicológico y ayuda jurídica, ya que si se tarda demasiado, las secuelas de estas alteraciones pueden ser irreversibles.

Capítulo V. Motivación

Cuando una persona tiene un porqué lo suficientemente importante, puede superar cualquier cosa.

Escribía Federico Nietzsche, que la inspiración viene cuando ella quiere y no cuando uno quiere.

Pablo Picasso, le respondía:

"Pero te tiene que pillar trabajando".

Años después leí en un libro en el que Leonardo Da Vinci, decía:

"Yo no me pongo a trabajar porque me motivo. Sino que me motivo, porque me pongo a trabajar"

Está una parte muy importante, a la hora de motivarnos. Ponte a ello, que ya si estás disfrutando y trabajando, tarde o temprano, te llegará la motivación y la inspiración necesaria para que puedas lograr tus objetivos.

Motivación y PNL

Aprenderemos a través de la PNL, la importancia del lenguaje, ya que nuestra calidad de vida dependerá de la manera en que nos comunicamos con nosotros y con los demás.

"Vigile la forma en que habla si desea desarrollar un estado de paz mental. Comience por afirmar cada día actitudes pacíficas, de satisfacción, y de felicidad y sus días tenderán a ser agradables y exitosos". N V. Peale

En este libro, analizaremos una parte importante, de todo aquello, que los grandes creadores de la motivación, hipnosis, realización personal, PNL, e IE, han diseñado a partir de sus propias experiencias.

Debemos tener en cuenta, que a lo largo de nuestra vida, el ser un humano, aprende del exterior más del 70% de sus conocimientos y creencias y tan solo, en el mejor de los casos, la media de lo aprendido de sus vivencias, es de tan solo un 30%.

Nos han condicionado a creer que el mundo externo, es más real que el mundo interno. Este tipo de ciencia es totalmente lo contrario: dice que lo que ocurre dentro de nosotros creará lo que ocurre fuera de nosotros. "De la película: Y tú que sabes."

Como puedo elegir, elijo esto último, ya que soy yo, el único que diseño mi propia realidad, a través de lo que siento, veo, oigo, percibo y decido.

Uno de los postulados, en la que se basa la MHRP, es lo que de verdad nos hace libres, son los sentimientos que podamos tener, mucho más que aquello en lo que pensamos y las emociones que sentimos, ya que son los sentimientos los que conforman nuestros pensamientos y por ende, nuestras emociones.

Aprendí y asumí que yo soy el único responsable de todos los sentimientos que puedo tener a partir de este momento en mi vida. Más adelante, al investigar la Inteligencia Emocional (IE), el lenguaje verbal, estudiaremos que en la IE, existen seis emociones básicas y que para Paul Ekman, creador del lenguaje gestual son siete.

En otras estrategias de investigación, se habla de ocho emociones básicas. Según los estudios realizados, sobre los pensamientos que tenemos los humanos, a lo largo de un solo día, se ha llegado al consenso de que son setenta y cinco mil pensamientos.

Se obtuvo la media entre las mujeres, que tienen alrededor de cien mil y los hombres que tenemos unas cincuenta mil. Se llegó al acuerdo de que la media resultante, era de setenta y cinco mil pensamientos por día.

Es fácil comprender, que los setenta y cinco mil pensamientos que tenemos de media al día, son del todo imposibles de controlar. Las emociones básicas las reducimos a seis u ocho. Esto al fin y al cabo da lo mismo, ya que tampoco las podemos controlar.

La clave está en los sentimientos, que son los que de verdad valoran las emociones producidas a través de los pensamientos y determinan si son positivas o negativas.

De esta manera si yo estoy positivo, pase lo que pase, el resultado será positivo y sin embargo, -"casi"- al revés, se da lo mismo.

Pase lo que pase, si una persona está negativa, el resultado será negativo y aquí es donde entra el "casi", ya que si a la persona que tiene pensamientos y emociones negativas, le tocase la lotería, la bono loto, o la quiniela, se volvería positivo en un principio y al final la alegría se convertiría en euforia...

Lo que hay que hacer, es controlar nuestro sentimiento y la mejor manera de hacerlo y no quiero resultar, cursi o petulante, es a través del amor; de la paz, de la tranquilidad, de la armonía que experimentemos a lo largo del día, o en el otro extremo, del odio, el asco, de la ira, que nos lleva a la confrontación y al desgaste.

Si tenemos constantemente en nuestro cuerpo, el sentimiento de amor, de paz, de tranquilidad, de armonía, todo resultará positivo y en el caso contrario igual.

Deténgase durante unos segundos en este punto y le felicito por haber llegado a este nivel. A usted le dedico el libro, por su coraje de seguir adelante. Gracias de verdad.

Charles Haanel no dice: La combinación del pensamiento y del amor es lo que crea la irresistible fuerza de la ley de la atracción. No hay mayor poder en el Universo que el poder del amor.

El sentimiento del amor es la frecuencia más elevada que puedes emitir. Si pudieras envolver todos tus pensamientos con amor, si pudieras amar a todas las personas y cosas de la misma manera, tu vida se transformaría.

De hecho, algunos grandes pensadores del pasado se referían a la ley de la atracción como la ley del amor. Si piensas en ello, entenderás la razón.

Si tienes pensamientos desagradables respecto a alguien, experimentarás la manifestación de esos pensamientos desagradables. No puedes perjudicar a otro con tus pensamientos. solo te perjudicas a ti mismo.

Si tienes pensamientos de amor, adivina quién recibe los beneficios, ¡tú! Si en tu estado de ánimo predomina el amor, la ley de la atracción o la ley del amor responderá con toda su fuerza porque te encuentras en la frecuencia más alta posible.

Para Charles Haanel, en The Secret: Cuanto mayor sea el amor que sientes y emanas, mayor será el poder que estás utilizando".

Algunos de los grandes motivadores, tuvieron que pagar un gran tributo para poder conseguir el éxito.

Por ejemplo, Dale Carnegie, cambió la dicción de su apellido materno de Carnegey a Carnegie, en un momento en el que el empresario Andrew Carnegie era ampliamente reverenciado y reconocido.

Lo importante no es lo que haces, sino lo que sientes cuando lo haces, ya que la felicidad no consiste en hacer lo que te gusta.

La verdadera realización se basa en disfrutar de todo aquello que haces, independientemente de las circunstancia y este es otro de los pilares de la MHRP.

Si pensamos en las "Circunstancias", nos puede venir a la memoria la famosa frase de Ortega y Gasset, que según algunos dicen, el escritor decía:

"Yo soy yo y mi circunstancia"

Qué lejos está, de la verdadera frase que pronunció el filósofo en su día, ya que lo que realmente dijo fue:

"Yo soy yo y mi circunstancias, y si no la salvo a ella, no me salvo yo"

Démosle a Dios lo que es de Dios y al César lo que es del César y volvamos a la motivación y a Carnegie, que tiene una serie de reglas impresionantes a la hora de poder conseguir nuestros objetivos.

"Cualquier cosa que la mente del hombre pueda concebir y creer, la puede lograr" Napoleón Hill

¿Cómo puedo conseguir aquello que quiero?

Lo primero que tenemos que hacer, es decidir, lo qué queremos tener, sentir, oír y ver. Después de haberlo meditado, pasemos a la acción, poniéndonos a ello, pagando el precio del tiempo y del esfuerzo para lograrlo.

Posteriormente debemos visualizarlo, sintiéndolo como si ya lo tuviésemos y lo estuviésemos disfrutando, cambiando lo que no funciona, hasta haberlo conseguido. Para ello debemos conseguir tener una gran empatía, manteniendo una gran sonrisa no fingida, como la que tienen algunos políticos en campaña. Una sonrisa que nos salga de dentro y que transmitimos a los demás, de la mejor manera palpable.

Aprendamos a escuchar a los demás y a interesarnos por sus proyectos, sus preocupaciones, sus sueños.

Cuantas veces nos ha pasado, que tenemos una idea sobre nuestro vecino y creemos que es un cretino (el eco nos lleva a creer que los demás son como nosotros) y un día resulta que al conocerlo, descubrimos que no lo es y que resulta todo lo contrario.

¿Cuánto tiempo perdido tenemos que recuperar entonces?

Empecemos desde el principio, valorándonos a nosotros mismos y así valoraremos a los demás. La próxima vez que nos ocurra, buscaremos los elementos positivos de los demás y hagamos que el eco nos devuelva lo que damos, lo que, queremos dar de verdad, para luego, recibirlo.

El famoso secreto de The Secret, es el eco. Somos lo que creemos que somos. Así que me pregunté:

¿Quién quieres ser y que estás dispuesto a pagar para conseguirlo?

Cuando empecé a desarrollar la MHRP, a mediados de los años 90, me planteé, que ya que había recorrido algunos países del mundo, conviviendo con distintas culturas, me había dado cuenta que el destino como tal no existe.

Somos nosotros – los que somos libres - los que de verdad construimos día a día nuestro porvenir y aquello me sirvió de aliciente para construir una estrategia de investigación, sobre el ser humano, donde yo sería el conejillo de indias y el primer beneficiado.

Nos son las circunstancias las que a la larga determinan nuestro futuro, sino más bien, que son las decisiones que tomamos en cada momento, las que de una manera u otra, modelan nuestra vida.

También he tenido que superar muchas injusticias. Comprendí que yo no podía controlar lo que los demás esperaban de mí, pero sí podía dominar lo que yo creía y juzgaba de mí mismo.

Aprendí a reabsorber una parte de mi orgullo y, pese a todo, seguí sonriendo y luchando por construir un futuro mejor para mí, para mi familia y para todos aquellos seres humanos que nunca tendrán la oportunidad de conocer otros países, ni otras culturas y que, por ende, no podrán percibir distintas formas de entender la vida.

Encontré el significado que le da valor a mi vida, que no era otro que el de aceptar la responsabilidad sobre mi vida. A partir de ahí, empecé a construir un mundo diferente, empezando por el mío propio.

En las culturas más primitivas, la gente tiene tanto entusiasmo que me dio una visión del mundo diferente y me transmitió ilusión. Una ilusión que retornaba a mí en forma de ayuda al tercer mundo, aunque, de verdad, era el tercer mundo el que me ayudaba a mí.

Nunca he recibido tantas muestras de agradecimiento, ni me he sentido tan querido, como en aquellos lugares. Los niños me admiraban, mientras yo asimilaba la naturalidad con la que vivían.

Todos los humanos nos hacemos o nos deshacemos a nosotros mismos, ya que la mente humana es la mayor herramienta con la que podemos crear o destruir nuestro futuro.

Si tu mente no está oxidada, dale marcha ya que cuanto más la utilices, mejor te responderá. Arriésgate y cree en tus principios. Lucha por un mundo mejor, donde el ser humano pueda ser libre. La libertad es un derecho y la igualdad de oportunidades es la justicia a la que todo hombre de bien debe aspirar, independientemente de su color de piel, clase social o creencias religiosas.

Nuestro deber es saber utilizar nuestra mente de una manera correcta. Estoy a gusto porque creo en mis convicciones y, si he llegado a esta conclusión, es porque me he comprometido libremente con todas las cosas que realizo y por eso las disfruto. Tú eres el resultado de todas las decisiones que has tomado y tú puedes tomar todas las determinaciones que hagan que tu vida sea tu futuro.

¿Qué es la motivación?

Tanto la psicología clásica, como la filosofía, definen la motivación como una serie de estímulos que mueven a la persona a realizar determinadas acciones y persistir en ellas hasta haberla conseguido, a través de la voluntad y del interés.

Creen, porque creen que pueden. Virgilio

Definimos la motivación, como la voluntad para hacer un esfuerzo, por alcanzar las metas establecidas, condicionado por la capacidad del esfuerzo para satisfacer alguna necesidad personal.

Son las actitudes que dirigen el comportamiento de una persona hacia la consecución de un objetivo, apartándolo de todo aquello que le pueda distraer de su meta y esta meta debe de ser medible, estipulable, tangible y alcanzable. Es el impulso que inicia, guía y mantiene el comportamiento, hasta alcanzar la meta y el objetivo deseado. La necesidad es el motor de la motivación.

La motivación exige necesariamente que haya alguna necesidad de cualquier grado; ésta puede ser absoluta, relativa, de placer o de lujo. Siempre que se esté motivado a algo, se considera que ese algo es necesario o conveniente.

La motivación es el lazo que une o lleva esa acción a satisfacer esa necesidad o conveniencia, o bien a dejar de hacerlo.

Los motivos pueden agruparse en diversas categorías:

-En primer lugar figuran los motivos racionales y los emocionales.

-Los motivos pueden ser egocéntricos o altruistas.

-Los motivos pueden ser también de atracción o de rechazo, según muevan a hacer algo en favor de los demás o a dejar de hacer algo que se está realizando o que podría hacerse.

-La motivación también puede ser debida a factores intrínsecos y factores extrínsecos. Los primeros vienen del entendimiento personal del mundo y los segundos vienen de la estimulación externa de ciertos factores. Dan Pink.

-Los factores exógenos pueden tantos, como personas hay en el mundo:

El dinero
La salud
El trabajo
Destacar de los demás
Deportes
Amor
Logros
Aventuras
Viajes
Coches
Aparentar
Bienes materiales

Sexo
Contribución
Religión
Éxito
Ambición

Lo que distingue el fracaso del éxito no son las cosas que nos pasan; la diferencia estriba en cómo percibimos lo que pasa y qué hacemos en consecuencia.

¿Y qué pasa cuando fracasas?

El fracaso llama al fracaso, como el éxito llama al éxito, a través del eco de la vida, que nos devuelve aquello que pensamos y hacemos. Es un efecto bumerán y a diario lo compruebo.

Para mí la forma más sencilla de contemplar la ley de la atracción es pensar que soy un imán, porque sé que un imán atrae las cosas hacia él. John Assaraf

Cuanto más doy, más espacio tengo para recibir. Las personas infelices y cuya vida está rota y sienten el fracaso cada vez que respiran, han estado tanto tiempo privadas de los resultados que desean, que ya no creen ser capaces de producirlos.

Para que se van a molestar en intentarlo, si saben que no lo conseguirán sin un esfuerzo supremo. Por tanto, es poco o nada lo que hacen para movilizar su potencial; más bien procuran descubrir la manera de quedarse tal como están haciendo el mínimo esfuerzo posible y eso hace que su cuerpo genere endorfinas, que incluso llegarán a producirle placer.

Si te sientes bien, estás creando un futuro que seguirá el camino de tus deseos. Si te sientes mal, estás creando un futuro que se desviará de la senda de tus deseos. La ley de la atracción está actuando en cada segundo.

Todo lo que pensamos y sentimos está creando nuestro futuro. Si estás preocupado o tienes miedo estás atrayendo más de lo mismo a tu vida. Marci Shimoff. The Secret.

Es debido a los pensamientos que has tenido y por tanto, atraído hacia ti. Napoleón Hill, en Piense y hágase rico de la Editorial Grijalbo, nos recuerda que los pensamientos combinados con cualquiera de la emociones, constituyen una fuerza magnética que atrae a otros pensamientos similares o relacionados.

Un pensamiento así magnetizado con la emoción negativa, se puede comparar a una semilla que, cuando se planta en terreno fértil, germina, crece, se multiplica una y otra vez, hasta que aquello que en un principio fue una semilla, se convierte en innumerables millones de semillas de la misma clase.

Los fracasos y las frustraciones del pasado, nos han de servir como las bases hacia lograr los nuevos objetivos. No debemos conformarnos con ser menos de lo que podemos llegar a ser.

“Sabemos lo que somos, pero no lo que podemos llegar a ser”. Atribuido a William Shakespeare.

¿Qué es lo que produce el cambio del fracaso al éxito?

Después de haber elegido nuestra meta, deberemos de dirigir toda nuestra atención y fuerza, hacia dónde queremos llegar, concentrando todo nuestro poder personal.

La gran mayoría de las personas, las que nunca logran nada, o sea la masa, no se plantean realmente lo que quieren y cuando raramente lo hacen, al primer contratiempo desisten de ello.

Las personas que fracasan son en su mayoría, las que ponen todo su interés en factores menores o exógenos. Son solo felices, si su equipo de fútbol gana el clásico. Por tanto, aprendamos a comprender lo que nos determina conseguir un objetivo u otro.

Definamos con todo lujo de detalles, todo aquello que queramos conseguir.

Debemos ponerle fechas de cumplimiento, delimitando sin son a corto, medio o largo plazo. Definamos si son urgentes, e importantes. En Coaching utilizamos el Método Eisenhower, herramienta imprescindible para la gestión eficaz del tiempo, donde fijamos prioridades, lo hacemos, lo atendamos, lo delegamos o lo tiramos a la papelera.

Preguntémonos el porqué y el para qué de cada objetivo. Qué le aportará a nuestra vida y a la de los demás.

Decidamos entonces por cuáles empezaremos. Para ello sería importante la búsqueda de un Coach o arriesguémonos y seamos nosotros mismos nuestro propio entrenador personal.

Definamos cuales son los valores que escogemos. Ojo que sí ponemos a la familia el primero y luego los amigos, cuidado cuando nuestro jefe nos llama para trabajar el fin de semana y dejemos a la familia y a los amigos colgados. Seamos realistas y pongamos el trabajo primero y así no nos engañemos.

Pongámonos a la obra con Ilusión, Pasión, Fe, Estrategia, Valores, Energía, Adhesión y Comunicación.

Deberemos de tener una gran agudeza sensorial, visual y auditiva, para sentir, ver y escuchar lo que no funciona y cambiarlo. Debemos tener en cuenta de que para conseguir nuestros objetivos, es como si capitaneáramos un barco, en lugar que si llevásemos un coche. Al barco hay que maniobrar a la derecha y a la izquierda para nivelar el rumbo.

Visualicémonos en el futuro, habiendo conseguido los objetivos y así conoceremos lo que tendremos que modificar a lo largo del camino.

Modifiquemos lo necesario, asumiendo que lo importante no es llegar a la cima, sino el camino recorrido hasta ella.

Escucha música agradable y si estás en una habitación con poca luz, ponle fotos, póster y crea tu propio ambiente. Huele agradable y verás como una sonrisa de satisfacción, aparecerá en tu cara, libre, para ti mismo.

Puede que hayas experimentado lo que es atraer pensamientos semejantes al escuchar una canción y luego no poder sacártela de la mente. La canción seguía sonando en tu cabeza.

Cuando la escuchabas, aunque no te dieras cuenta, le estabas prestando toda tu atención y enfocándote en ella. Al hacerlo, estabas atrayendo con fuerza más pensamientos semejantes a los de esa canción y la ley de la atracción empezó a actuar aportando incesantemente pensamientos afines.

En la Terapia Integral MHRP, utilizamos el trance hipnótico para anclar nuestros objetivos, haciendo un viaje al futuro. Posteriormente en este libro, en el capítulo del Trance Hipnótico veremos algunos ejemplos.

En PNL, se utiliza además el Método Walt Disney, donde la persona encarna a tres tipos deferentes: El soñador, el realista y el crítico. La primera vez que lo utilicé, fue con mi amigo JB y me quedé tan sorprendido de la utilidad de este método, que desde su creación ha sido utilizado en las Industrias Disney.

Fue cuando me lo apliqué a mi mismo y lo incorporé a la MHRP, que utiliza en la misma sesión, herramientas de motivación, coaching, PNL, IE, trance hipnótico, psicología y sobre todo chamanismo, que hablaremos de ello, a lo largo de este libro.

Nuestro corazón es el centro de nuestro poder. He aprendido que creamos fácilmente y sin esfuerzo cuando dejamos que nuestros pensamientos vengan del espacio de amor del corazón. Recupera ahora tu poder. Louise Hay

¿Trabajas para vivir o vives para trabajar?

Ésta es una de las preguntas más importantes que todos nosotros algunas veces nos deberemos de hacer. Sin ninguna duda, hará unos cuantos años, me hice esta pregunta mirándome al espejo y me di cuenta que vivía solamente para trabajar.

Además no solo eso me carcomía, sino que también había perdido mi libertad. Me había convertido en un esclavo del trabajo y todas mis frustraciones amorosas, las encauzaba hacia el trabajo y fue cuando decidí hacer un replanteamiento de mi vida y aunque me costó mucho hacerlo, tuve el valor de llevarlo a cabo.

Me di cuenta que cuando una persona tiene un porque lo suficientemente importante, puede soportar casi cualquier cosa.

Escribía Goethe en palabras del joven Werther:

Los hombres viven para trabajar y el poco tiempo que les queda libre, les asusta tanto, que hacen cualquier cosa por perderlo. ¡Oh Destino del hombre. Pobre Humanidad!.

¿Realmente sé cual es mi verdadero trabajo?

Esta es una pregunta que resulta algunas veces, bastante difícil de contestar, ya que a muchas personas que se las he hecho, sus respuestas me han confirmado, que no todos saben a ciencia cierta, cual es su verdadero trabajo. Aquí empieza uno de los grandes problemas a los que algunas veces nos tendremos que enfrentar.

¿Cómo voy a estar bien en mi trabajo, si todavía no sé muy bien, para que cometido me hayan contratado?

La solución es muy sencilla. Habla con tú jefe o superior y pregúntale lo que realmente espera de ti.

Probablemente se enoje ante tu pregunta, pero insiste que es por el bien de los dos y que si uno sabe lo que tiene que hacer, lo podrá hacer mejor y en su caso, el jefe tendrá una manera de controlar lo que sus subordinados hacen.

"La mejor manera para prepararse para el mañana es concentrarse con toda la inteligencia, todo el entusiasmo, en hacer soberbiamente hoy el trabajo de hoy" W. Osler.

¿Que hacer si no me gusta mi trabajo?

Si tu trabajo no te gusta, deberás primero plantearte por qué no te gusta y por qué trabajas en él. Si es porque no has tenido otra opción, no te engañes a ti mismo y búscate otra alternativa más acorde con tus intereses. Algunas veces tenemos que trabajar en algo para lo que no estamos preparados. Pero no debemos dejar, que este contratiempo en nuestra vida nos atormente.

Si tú no estás de acuerdo con algo de tu propia vida, sea lo que sea, quítatelo de encima. En cuanto tú lo logres, saldrá de dentro de ti, tu verdadero ser, tu verdadero yo.

En el caso de que antes te gustase y por circunstancias externas o internas, ya no te interesa o motiva como antes, deberás cambiarlo, ya que cada día que pasas en ese trabajo, será un día perdido. Un día no es mucho, pero la suma de muchos días, hace que el peso de la desgracia de trabajar en algo que no te motiva, se haga cada vez más insoportable.

No siempre uno trabaja en lo que quiere, pero debemos darnos cuenta y asumir, que algunas veces tendremos que trabajar durante un tiempo en otras tareas que no te gustan, pero que te posibilitarán encontrar el tuyo que realmente quieres.

No conozco a ningún gran hombre que se quejara de falta de oportunidades. ¡Las buscaba! Charles Chaplin nos escribe en su Autobiografía:

"Yo había sido vendedor de periódicos, impresor, fabricante de juguetes, soplador de vidrio, botones de un médico, etc. pero durante todas esas ocupaciones profesionales no había perdido de vista mi último objetivo que era de llegar a ser actor"

Aquí está la clave. Chaplin sabía lo que de verdad quería y lo que estaba dispuesto a pagar en tiempo y esfuerzo en conseguirlo.

¿Cómo puedo trabajar disfrutando?

Relato de Tony P., un artista que disfruta trabajando como Disc Jockey.

Disfruto trabajando todos los días, en aquello que me gusta y que libremente yo he elegido hacer. Así de sencillo. Para mí ir a trabajar resulta una tarea estimulante. Me gusta sentirte importante para la gente. Que hablen de ti. Bien o mal, pero lo importante es que hablen de ti, que no pases por desapercibido. Para mí, disfrutar trabajando es un cúmulo de muchas cosas circunstanciales. Mira yo he tenido mucha suerte en mi vida, pero creo que voy a tener más.

Cuando yo me encuentro satisfecho con mi trabajo, creo un clima, para que la gente se divierta y se lo pase bien. Algunas veces me pregunto:

¿Cuánta gente se habrá enamorado oyendo mi música?

¿Cuántas rupturas habrá habido con mi música? Es una cosa que desconozco y me gustaría conocer.

Cuando una pareja recuerda cuando se conocieron, cómo se conocieron, también recuerdan la primera canción que bailaron y cuando ha sido por mi intermedio, eso ha sido una realización personal mía. Me siento partícipe de su éxito como pareja. Cuando la gente se siente satisfecha con mi música, eso les lleva a realizarse como personas, a vencer su timidez, a ser diferentes, a sacar su coraza.

Se sienten bien oyendo una canción en especial y esos les da alas para conseguir muchas cosas que quieren y que sin ese empujón, tal vez se sentirían inseguros a la hora de hacerlo.

Me entretengo mucho observando los comportamientos de las parejas y disfruto al hacerles felices.

Trabajo para tener algo que no tengo.

Quiero tener una casa propia. Coche no tengo, porque no quiero tenerlo. Pero siempre debes de tener una ilusión que te permita trabajar a diario y qué mejor ilusión que la de conseguir aquello que quieres tener y que no tienes.

Para mí el éxito no significa tener un coche mejor, o una casa mejor, ya que le éxito es una cosa personal y cada uno tiene el éxito que cree merecer o que necesita. Yo con mi trabajo, de momento tengo bastante.

Llevo 24 años en mi trabajo. Empecé fregando vasos, hasta que me di cuenta que era más cómodo poner discos y le eché cara y aquí estoy. He estudiado Periodismo, soy Licenciado, pero la Filosofía, me la ha dado la vida.

Hablando sobre el amor, te diré que existe, pero es muy difícil tener éxito en este tema. Soy un tipo raro, que nunca creí en el amor, hasta que me enamoré de una mujer y creo que es un estado de la felicidad, nada más.

El amor como tal no existe. Yo puedo sentir amor por ti, pero eso no significa nada. Es sentir amistad, cariño, como tú quieras llamarle.

Las mujeres son muy golfas, muy lobas todas. Las quiero con locura, sin ellas no podría vivir, forman parte de mi ser, pero son más malas que nosotros.

"No es más rico quien más posee; si no quien menos necesita"
Rafael de la Cruz.

¿Para qué me han contratado, o me van a contratar?

Cuando una persona se inicia un nuevo trabajo, deberá tener muy claro, para lo que ha sido contratada. De nada le valdrá ser una experta secretaria, si a ella la han contratado como Directora de Marketing.

A la inversa tampoco. Si se te ha contratado como Secretaria, no asumas las funciones que no te corresponden, a no ser que te lo pidan primero y te ratifiquen en ello.

Vuelvo a insistir, que en cualquier faceta de nuestra vida, deberemos primero tener muy claro, quiénes somos, lo que de verdad queremos, lo que hacemos cada día y por qué lo hacemos. Estas distinciones son muy importantes a la hora de ser feliz a lo largo de nuestra vida.

"Resulta difícil para muchas personas, el trabajar duro todos los días y no ver resultados; posiblemente trabajen en dirección equivocada. Si así te ocurre, cambia y ponte a trabajar en aquello en que tú realmente estés a gusto." MHRP

¿En qué tipo de trabajo me sentiré más a gusto?

Buena pregunta. Si eres libre y yo estoy seguro de que tú lo eres, podrás elegir aquel trabajo que mejor se amolde a tus necesidades y deseos.

¿En qué soy yo competente? Aquí está la pregunta del millón. Trabaja en aquello en que tú mismo te sientes más competente. En la vida uno puede elegir ser de un equipo de fútbol o de otro. También tú puedes y debes elegir en que quieres trabajar. Puede que te resulte difícil, pero si te pones manos a la obra, seguro que lo conseguirás.

A lo largo de este libro, usted podrá llegar a leer confesiones de personas que nos cuentan cómo llegaron a encontrar su trabajo y una gran mayoría de ellas lo hizo por casualidad. Muy pocas personas en la adolescencia, tenían claro lo que sería su futuro profesional, ya que las expectativas de vida, cambian conforme a nuestra propia evolución interior.

Lo más importante, por tanto, es trabajar en aquello que nosotros libremente hemos elegido. Y, en el caso de que no estemos a gusto, cambiemos de trabajo.

Haz aquello en lo que tengas más facilidad de hacer.

¿Trabajo para otros o monto mi empresa?

Casi nadie en ésta vida, empezó trabajando para él mismo. Los grandes creadores de empresa, empezaron vendiendo galletas, periódicos, monedas, muñecas, etc. Montaron infinidad de negocios, hasta que dieron con la piedra filosofal de la CONSTANCIA y de la observación.

La filosofía china dice que no hay nada tan claro y blando como el agua, pero nada corroe tanto como el agua. La persona que sabe lo que quiere y tiene constancia, siempre logrará sus objetivos, pero de nada le valdrá si no tiene alegría de vivir.

Si quieres montar tu propio negocio, aprende el oficio trabajando para otros. Intenta poner el menor dinero posible, ya que existe una máxima en el mundo de los negocios. La información es dinero en movimiento. Tú deberás buscar la información y el dinero de lo demás para crear más dinero. Si este planteamiento te parece demasiado Capitalista, olvídate de montar un negocio, ya que el principal objetivo de la empresa en una economía como la occidental, es la de crear riqueza.

"Lo importante es no dejar de interrogarse. La curiosidad tiene su propia razón de existir. Uno no puede evitar sentirse pasmado cuando se contemplan los misterios de la eternidad, de la vida, de la maravillosa estructura de la realidad. Es suficiente conque uno trate de aprehender un poco de ese misterio cada día. No pierda nunca una santa curiosidad"
Albert Einstein.

Capítulo VI. No tengo trabajo

Algunas veces nos puede ocurrir, que en un momento determinado, nos encontremos sin trabajo y no resulta una situación placentera.

¿Por qué tú no y él sí?

Muchas veces nos preguntamos, por qué algunas personas consiguen lo que se proponen, en cambio, otras van a la deriva, sin rumbo y sin esperanza.

Soy pesimista. No tengo trabajo y nunca lo tendré.

Efectivamente, nunca lo tendrás. Cuando una persona piensa de ésta manera, se está cerrando ella misma, todas las puertas a las que tiene acceso para conseguir algo importante en ésta vida. No solo un trabajo en especial, sino que también en algo que es más importante si cabe, que es la dicha de vivir.

¿Por qué algunas personas nunca encuentran trabajo y se convierten en personas pesimistas?

Porque siempre están preocupados por algo, aunque ni ellos mismos, sepan con certeza, de lo que realmente están preocupados.

Las personas que siempre están preocupadas, no viven la vida; tienen tanto miedo a perder lo poco que tienen, que no saben afrontar su propia vida. Son incapaces de ponerse a trabajar en algo productivo y todo lo van dejando para un mañana que a la postre, nunca llegará.

¿Cómo perciben la vida las personas que nunca quieren encontrar trabajo?

Las personas que nunca quieren encontrar trabajo, perciben la vida como algo amenazadora. La vida para ellos está llena de peligros ocultos, de personas malas, de enemigos. Por tanto se pasarán la mayor parte de su vida criticando y atacando con saña a todo aquel que triunfe.

No ven nunca la oportunidad en una acción. Solo perciben lo catastrófico y negativo. La vida les pasa como una película donde ellos son incapaces de hincarle el diente. Sufren de una melancolía profunda, que les lleva a una continua inadaptación social.

Tan pronto están abatidos, como se plantean proyectos excelentes que nunca llevarán a la práctica, ya que su impotencia para enfrentarse a ellos mismos, es mayor que su capacidad de acción.

Decía Horacio en sus Epístolas y con toda la razón:

"El pesimista enflaquece al ver la opulencia del prójimo".

Cuando observan el triunfo de otras personas, se les acercan e intentan imitarles y cuando no lo consiguen, entonces, les atacan.

No siguen el consejo que Martín Fierro les dio a sus Hijos y al de Cruz:

"Cuando veas a otro ganar, a estorbarle no te metas. Cada lechón en su teta, es la forma de mamar"

Pero la decepción que tienen de la vida y sobre todo de ellos mismos, les lleva a postergar todo lo que de verdad resulta importante para mañana.

Su frustración ante la vida, les convierte en agoreros, en personajes tristes, pero que en un momento de lucidez, son capaces de embaucar al más pintado, pero invariablemente, a la siguiente oportunidad que se les brinda, volverán a caer en la más absoluta desmoralización.

Son grandes irónicos y algunas veces, tienen un gran sentido del humor, pero solo para lo que ellos quieren.

"No hay peor horror que un joven pesimista" Mark Twain.

Hace poco tiempo me encontré a la salida de una conferencia, con un joven que tenía 23 años y que nunca había trabajado ni hecho nada productivo en su vida. Al verme, rodeado de gente, se me acercó y dándome la mano me dijo:

-¡Yo de mayor quiero ser como usted!

Un tanto desconcertado me le quedé mirando a los ojos y le dije:

- Y, ¿Por qué no lo eres ahora?

- Es que yo no sé hacer lo que usted hace.

- Y, ¿Qué es lo que yo hago?

- Ganarse la vida contando cuentos a las personas. Oiga, esa morena que estaba con usted hace un minuto, sí que estaba buena. ¿Ha quedado luego con ella?

- No, tan solo tenía algunas dudas y quería consultarlas conmigo.

- Enséñeme a ser como usted. Ya le pagaré cuando gane dinero. Yo ahora no tengo trabajo, la cosa está muy mal y nadie me ayuda. Los políticos tienen la culpa, todos son unos chorizos en cambio usted es culto y sabe ganarse la vida.

Pensé entonces decirle cuatro verdades a la cara, pero para qué. Algunas veces es mejor que las personas aprendan a aprender por sí solas. Le miré otra vez a los ojos y le pregunté:

¿Por qué no trabajas y haces algo positivo con tu vida?

El joven retrocedió unos pasos, como sintiéndose atacado y de una manera muy seria me dijo:

- Usted no sabe quien soy yo. Usted no sabe con quien está usted hablando. Yo ahora no puedo encontrar trabajo, porque tengo otros planes más interesantes. Además para lo que me quieren pagar. Mis padres me dan mucho más dinero y eso que no hago nada.

-¿Qué le pide a la vida una persona sin ganas de tener trabajo?

- Ser como Usted.

– Y, antes de conocerme. ¿Qué le pedías?

- Mire usted, yo no sé escribir, no sé tocar el piano, no soy tan guapo como Antonio Banderas, ni hablo Inglés. Si yo fuese tan guapo como el Banderas ese, ganaría mucho dinero. Pero soy feo, nací feo y moriré feo, nací pobre y moriré pobre...

- Entonces Antonio Banderas es tan famoso y tan buen actor por el simple hecho de ser guapo. ¿No ha tenido que trabajar nunca para llegar donde está?

-¡Que va!, leí en una revista que se fue a Estados Unidos y que allí la rubia esa se lo ligó y ya está. Ella le llevó a todas las fiestas, le presentó a la gente y le puso a trabajar. Si no es por ella, el Antoñito ese, no sería nadie.

¿Qué podemos hacer delante de una persona sin expectativas?

Me le quedé mirando a los ojos durante un momento y le repliqué:

- Tú piensas que Concha Cuetos nació siendo actriz, que Gloria Stephan, nació cantando. Tú no tienes la vitalidad de Carmen Sevilla, ni la de Conchita Velasco, ni la Fe en sí misma que tenía Lola Flores.

Tampoco sabrás escribir como Gabriel García Márquez, no eres un genio de los negocios como Bill Gates, ni tan buen político como Adolfo Suárez, ni tendrás que salir adelante como lo hizo Tina Turner.

Y, ¿Sabes por qué?

Porque eres un vago redomado y vas por la vida de mártir. A ti no hay quien te cambie. Tan solo tú puedes hacerlo.
Pero eso necesita esfuerzo y no estás por la labor. A ti te gustaría que te tocara la lotería sin comprarte el billete, te gustaría hasta que te lo regalaran. Y no te hablo de Manuel Díaz "El Cordobés".

El joven se apartó de mí, pero antes de marcharse le dije:

-¿Por qué no eres tú mismo?

En ese momento el pesimista dándome un corte de mangas me contestó:

- Ya lo soy. Estoy deprimido y soy pesimista. Además estoy enfermo. Por eso no puedo trabajar. ¡Jódete, soy yo mismo! Nunca trabajaré para nadie. No tengo ganas de que nadie quiera reconocer todo lo que yo valgo. Usted no sabe con quien está hablando.

"Ayuda a los hombres a levantar su carga, pero no a llevarla"
Pitágoras.

Al subirme a mi coche pensaba lo difícil que debe de ser el estar constantemente deprimido, el no querer nunca trabajar, ni hacer nada positivo y lo que resulta peor, sin saber nada concreto de lo que se quiere en esta vida. Al caminar debes mirar el suelo, hablar solo de calamidades y con la voz triste y apagada; actuando de manera tal, que los demás le tomen a uno por un inútil y así no te exijan ni que cambies, ni que salgas de esa situación errática.

Recuerde que usted es el único que decide cómo quiere sentirse, lo que quiere ser en esta vida, y para ello primero deberá plantearse sus objetivos de vida.

Que se equivoque o no es lo de menos. Lo importante es aprender a saber lo qué queremos para luego decidir hacerlo, disfrutando de ello. Que lo consigamos o no, eso no es lo importante, ya que veremos que muchos de los grandes logros en esta vida, ha sido el resultado de fracasos parciales de algunos objetivos.

"Si un hombre hace frente con valor a su destino y lo acepta con entereza, luchando hasta el límite de sus fuerzas, nunca podrá sentirse derrotado; porque el hombre no está hecho para la derrota; un hombre puede ser destruido, pero no derrotado" El viejo y el mar de Ernest Hemingway

¿Cómo puedo encontrar trabajo?

Buscándolo. Ésta es la mejor manera que existe, para encontrar trabajo. A nos ser que alguien se nos adelante y lo haga por nosotros, pero no creo que este sea el caso más común.

Debemos recordar, que salvo en los años 60, en España nunca resultó fácil el encontrar trabajo. Cuando se necesitaban Licenciados, era porque no los había. Cuando los hay, ya no se necesitan. Esto es hasta cierto punto verdad, pero recordemos que siempre hay empleos vacantes.

Todos los días se crean empresas, aunque cada vez más pequeñas. Hay renuncias voluntarias, jubilaciones. Terminan los períodos de prácticas de los que las tenían.

Hay oposiciones. ¡PODEMOS CREAR TAMBIÉN NOSOTROS UNA EMPRESA! Pero hagamos algo.

¿Cómo puedo encontrar el trabajo que quiero?

Primero hacer un plan. Concretemos el tipo de trabajo que vamos a buscar.

Segundo: Realicemos un programa semanal de búsqueda de trabajo.

Tercero: Aprendamos a sonreír y llevemos escrito en nuestra frente: "Estoy buscando trabajo"

Mi trabajo en este momento consiste en conseguir trabajo.

Cuarto. Concéntrese únicamente en lo que hace. Buscar un trabajo y conseguirlo.

A muchas personas les ocurre, que no se encuentran a gusto en su trabajo. Si partimos de la base de que empleamos la gran mayor parte de nuestro tiempo en trabajar, amén de las idas y venidas.

Si tenemos la desgracia de no tenerlo o el que tenemos no nos gusta, podremos entender un poco el porqué nuestra vida no nos satisface.

Vuelvo a insistir una vez más, que es primordial en esta vida, conocernos, para luego poder decidir lo qué queremos. De esta manera podremos lograr nuestros objetivos y disfrutarlos.

Si queremos cambiar de trabajo o encontrar uno nuevo, debemos primero saber en qué queremos trabajar, en qué tipo de trabajo somos más competentes y a este tipo de trabajo debemos concentrar nuestra búsqueda.

Luego ver si estamos capacitados para ello, debemos hacer un Currículum Vitae acorde con la posición que solicitamos y por último conseguirlo.

- Eso es muy fácil decirlo, pero ¿cómo lo puedo lograr?

Si partimos del supuesto de que sabemos en qué sector queremos trabajar, en que sector y lo qué queremos ganar, entonces manos a la obra. Olvidémonos de buscar en las ofertas de trabajo. En todos los años en los que he tenido que contratar personas para trabajar, me he dado cuenta, de que lo importante es estar en ese momento crítico del inicio de la búsqueda de personal.

Para encontrar trabajo, resulta más sencillo hacerlo en las empresas que todavía no necesitan personal, que en aquellas que ya lo buscan. Hay posiblemente muchas personas interesadas en ello y por tanto será más difícil.

Si nos quedamos en casa esperando a que nos llamen por teléfono, la probabilidad de encontrar trabajo se reduce a muy poco. Si concentramos nuestro esfuerzo en buscar trabajo y empleamos 8 horas al día en buscarlo, seguro que lo encontraremos.

Más adelante en este mismo libro, analizaré este punto con mayor detenimiento, pero recordemos al poeta Ovidio cuando decía:

En el remanso más inesperado se encuentra tu pez.

El currículum.

El mejor currículum que existe, somos nosotros mismos, pero muchas veces cuando estamos a la búsqueda de un trabajo, al entrevistador le resultará complicado acordarse de todas las personas que solicitan el puesto. Otras veces, antes de la entrevista, se nos exigirá un currículum.

No en todas las profesiones hará falta, ya que posteriormente analizaré algún caso donde no haga falta, pero estas serán las excepciones. El currículum se convertirá en nuestra mejor tarjeta de presentación y deberá ser claro, conciso y reducido.

En la parte superior izquierda irá nuestra foto. Ésta deberá ser muy buena calidad y el solicitante mostrará una amplia sonrisa, como si fuera uno candidato a Diputado.

Deberemos poner todos nuestros datos importantes, empezando por nuestro nombre y apellidos. Fecha y lugar de nacimiento. La nacionalidad y en su caso, si la persona es extranjera, el permiso de trabajo y de residencia. Los años que vive en el país y si es el caso, otros países donde ha trabajado.

Pondremos también la dirección y el teléfono de contacto. En algunos trabajos resultará importante resaltar los idiomas que uno habla, como el nivel que tenemos.

Los estudios que hemos realizado, haciendo especial hincapié en aquellos que tengan que ver de una manera más directa con el empleo que solicitamos.

Pondremos fechas y lugares donde han sido cursados y si las notas son buenas, también las resaltaremos.

Posteriormente pondremos toda nuestra experiencia profesional. Los trabajos que anteriormente hemos realizados, empezando por el último.

Suele ser conveniente cuando contestamos a una demanda de trabajo, escribir una pequeña carta acompañando al currículum, donde expliquemos por qué aspiramos a dicho trabajo y sobre todo, aquello que podamos aportar a la empresa que nos puede contratar.

“Para la mayoría de los hombres, la experiencia es como las luces de un barco, que iluminan solo el camino que queda a la espalda” Thomas Alba Edison

La entrevista y los Test.

¿Qué deberemos hacer antes de la entrevista?

Sobre todo, estar seguros de nuestras posibilidades y asumir que ese trabajo no es el único que existe. Será de suma importancia, tener toda la información que podamos, sobre la compañía, el tipo de personas que trabajan y sobre todo, de la persona que nos va a entrevistar.

Ojo. Tendremos que saber primero el perfil de la persona solicitada y nunca mentir.

También es imprescindible conocer de antemano, lo que la empresa nos ofrecerá como salario y las condiciones económicas que ofrecen.

"El hombre es lo que cree que es" Chejov

¿Qué hacer en la entrevista?

En la entrevista deberemos de comportarnos de una manera correcta y sobre todo deberemos escuchar con atención todo lo que nuestro interlocutor nos pregunte o indique. Los primeros momentos serán decisivos a la hora de la contratación, ya que es allí, en ese preciso momento donde se efectúan los descartes.

Más adelante podrá encontrar una muy buena entrevista realizada a una persona que constantemente contrata gente. Les pido por favor, que la lean detenidamente y saquen las mejores consecuencias de ella.

La ropa y el aspecto serán de suma importancia, ya que serán la llave que nos abra oportunidades. Olvídese querido lector un poco de su aspecto físico, a no ser que el trabajo en cuestión tenga que ver con el aspecto de las personas.

Resultará más importante los modales y la ropa que llevemos puesta que cualquier otro elemento visual.

Los zapatos deberán de estar limpios y la persona bien peinada y arreglada. Ojo con el tabaco. Si no se nos ofrece tabaco, será mejor que no fumemos. En el caso de que se nos ofrezca un café, agua o un refresco, aceptémoslo. En otras culturas el no aceptarlo es una ofensa.

Sobre todo en profesiones como las de vendedor, deberemos tomar decisiones muy rápidas y a no ser que estemos hablando de temas muy complejos. En muchas ocasiones deberemos tomar la decisión en el momento y nunca decir que se lo consultaré a la almohada.

Con ello demostraríamos nuestra falta absoluta de seguridad y probablemente dejemos pasar una buena oportunidad.

"Los únicos límites que tenemos, son aquellos que nosotros mismos nos ponemos. Desafíate y vivirás con la seguridad de ser siempre tú, el único dueño de tu propia vida. Tendrás armonía, seguridad y confianza" MHRP

¿Qué debemos tener seguro al terminar la entrevista?

Antes de terminar la entrevista, deberemos tener muy claro todas las dudas que tengamos y hacérselas ver al entrevistador.

El siguiente paso, muy agresivo, pero algunas veces resulta esencial, decirle que nosotros cumplimos con todos los requisitos solicitados y queremos el puesto en cuestión. En caso contrario, no hagamos perder el tiempo al entrevistador, ni lo perdamos nosotros.

"La confianza con que acometes una acción difícil es lo único que asegura un resultado ventajoso" William James.

Los jóvenes ante el trabajo

Desde siempre los jóvenes han trabajado y como siempre, el mayor obstáculo es encontrar el primer trabajo. En casi todas las revistas juveniles, sobre todo en las dirigidas a las mujeres, que por cierto, son las que más leen, siempre hay artículos interesantes sobre las nuevas profesiones.

A mediados del siglo pasado, cuando probablemente nuestros padres buscaban trabajo, se perseguía una continuidad, ya que el trabajo era como la pareja. Una para toda la vida.

En los inicios del siglo XXI, cada cual tiene la respuesta a este tema. Eso de la crisis, para mí es un cuento, ya que siempre se ha hablando de la crisis.

Y, hablando de oriente. En chino y tenga en cuenta que probablemente usted lo pensó antes, digo la palabra; pues en Chino crisis quiere decir dos cosas: problema y oportunidad.

Espero que este desliz mío, le haya provocado una sonrisa. En ese caso, le doy las gracias por haberlo hecho.

"Para saber donde cae la piedra, hay que tirarla. Siempre que quieras algo, estarás a tiempo de lograrlo, pero solo lo podrás saber si lo intentas" MHRP

La importancia de la pareja en el trabajo personal.

Algunas veces es fundamental. Si a la pareja no le gusta nuestro trabajo, malo, ya que, o perdemos el trabajo o a la pareja. Hace relativamente poco tiempo, una persona me consultaba sobre este tema. Me preguntaba:

Tengo que tomar una decisión importante para mí futuro. Mi novio regresa la semana que viene de USA y no quiere que yo siga trabajando en lo que hago. ¿Qué debo de hacer?

Mi respuesta probablemente coincidirá con la que ustedes, le hubiesen dado. Piensen por un momento la respuesta.

¿Qué es para ti más importante? ¿Tú novio o el trabajo que ahora tienes?

Mi consultante me respondió:

- Yo a él, le quiero tal y como es. Por tanto, le respeto. Sí él quiere seguir conmigo, deberá hacerlo también conmigo.

Entonces le pregunté: ¿Qué es lo importante? ¿Tú actual trabajo o qué tú novio respeta tus decisiones?

Ella misma contestó a su pregunta. Mí actual trabajo me costó mucho conseguirlo. Soy azafata de vuelo y tengo solo 23 años. Ahora quiero viajar y conocer gente. Sí mi novio quiere seguir siendo mi novio, me debe de respetar en mis acciones y si no, que se busque a otra.

"Cuando nuestra felicidad la hacemos depender únicamente de acontecimientos que no podemos controlar, estamos al borde del precipicio. El que se siente feliz de una manera habitual, es porque ha sabido decidir lo que le hace feliz y disfruta de esa satisfacción de una manera coherente. "MHRP

La mujer y sus oportunidades.

¿Tiene actualmente la mujer, muchas más dificultades a la hora de encontrar trabajo, que las que tiene el hombre?

Relato de Roxana, una mujer extremadamente guapa, que triunfa en el trabajo y en la política. Cuando la entrevisté tenía veintinueve años y era Concejala de Infancia y de Juventud en un Municipio de la Comunidad de Madrid.

Depende del trabajo del que hablemos, pero en general la mujer todavía tiene muchas más dificultades a la hora de encontrar trabajo que el hombre. Hoy hay un discurso social en el que se dice que se han conseguido logros.

Por supuesto que se han conseguido cosas, pero lo fundamental que es el poder de la mujer y la incorporación en el trabajo o en la sociedad, está muy lejos de la igualdad. Porque la mujer empresaria en España, no llega al 15%. La mujer en política, está relegada a cargos efímeros, que en muchos partidos políticos se utiliza como decoración.

Cuando se hace una lista, primero se busca a los hombres y después a las mujeres que van a ir. Gracias a esto cada día se incorporan más mujeres al mundo casi exclusivo masculino de la política en nuestro país.

“Debemos empezar por la superación de nuestras limitaciones con orden y medida. También con paciencia. No podemos navegar, si no conocemos las corrientes, como tampoco podemos aprender a pilotar, si no conocemos las normas. Primero conócete y luego decide aquello por lo que vale la pena vivir”. MHRP

El ser una mujer tan guapa e imponente, ¿Te ha perjudicado?

No me gusta que me miren por guapa. Yo pretendo tener éxito. El éxito de la intelectualidad, en ser aceptada por los demás, que los demás me consideren como persona y no como mujer guapa. Para mí el éxito es trabajar en causas solidarias, causas justas, luchando por un mundo igualitario. Entonces yo aporto mi granito de arena, para que esto sea una realidad.

Para mí el éxito es poder acostarte todas las noches y sentirte tranquila, porque he ayudado a los demás y a la sociedad, haciendo algo por cambiar lo que hay. Dedico mi vida a los demás y a articular políticas para que las personas vivan mejor.

¿Qué problema es para ti, el que todo el mundo te vea guapa y tú no lo percibes así?

Tiene ventajas e inconvenientes, pero en la mayoría de los casos, me da problemas, sobre todo a la hora de trabajar, ya que te consideran muy guapa, por lo tanto te consideran idiota. En mi caso tengo un trabajo con mucha responsabilidad.

Me supone tener una imagen de mujer fatal, que no es así, pero que tengo que ir con la coraza puesta todo el día, guardando las distancias.

¿Por qué que asustas a los hombres?

Yo le doy miedo a los hombres, porque cuando conozco alguien aquí, yo solo vengo a divertirme, no vengo a buscar a nadie. Salgo y me dicen: que guapa estás. Que maravillosa estás, pero cuando me preguntan:

A ¿Qué te dedicas?

Y les respondo: A la Política. Entonces les doy miedo.

Automáticamente dicen: ¡Oh!, es una mujer que piensa, que miedo. Esta chica me puede llevar a donde ella quiera. Es una cuestión de machismo puro, donde ellos piensan. Ésta chica está por encima de mí.

Es vergonzoso el ver a un hombre que se queda aterrorizado, porque tú eres una Concejala, o porque tú eres alguien que piensa y que le puede decir cuatro cosas bien dichas. O en algunos temas, puedes estar a su nivel o más. A mí me entra la risa y me entra todo al ver lo efímero que son la mayoría de los hombres.

Yo tengo compañeros políticos como yo, que no valen nada, ni han valido nada. Su mayor peso, ha sido llevar una cartera debajo del brazo, que no han tenido que demostrar nada a nadie y yo por él echo de ser mujer, he tenido que trabajar el doble, que muchos de ellos, para demostrar que como soy mujer y soy guapa, pienso también.

Yo soy diferente. La gente me dice: que rara eres. Tendrías que ir con el pelo corto. El Alcalde me dijo una vez: Si tuvieses el pelo corto y pesaras cien kilos, estarías ya en la Moncloa. Y le respondí. En eso tiene razón. Pero me niego a engordar.

¿Qué motiva a una mujer poder entrar en la Política activa?

Entré de casualidad en la Política, porque cuando estudiaba en el Instituto yo estaba metida en todas las movilizaciones, en todas las injusticias sociales, en todas las cosas que me parecían mal. Me manifestaba y como yo era alguien muy conocida entre la juventud y alguien que también trabajaba en televisión.

De alguna forma me llamaron para ir en una lista, a unas elecciones y acepté sin saber muy bien, lo que era la política en sí y tuve la suerte o desventaja de ganar las elecciones en ese año. Al día siguiente me encontré con la realidad de la política, que es bastante compleja para las mujeres.

¿Cómo ve una mujer joven el éxito en los demás?

El éxito real de la sociedad de hoy en día, es el éxito capitalista, el éxito del dinero, el éxito de poder, donde una cosa conlleva a la otra. Ese éxito me interesa, pero para articular políticas y para que se vea reflejado en la gente, en la sociedad. Mejorando la calidad de vida en su conjunto.

Pero hoy en día, el éxito es individualista, que se ve retratado en la persona; no en los demás. Nadie ayuda a nadie y quien tiene dinero, tiene más poder y controla los medios de comunicación. Pero mi éxito personal y el de mucha gente, es aquello que tiene que ver con la cultura, con la intelectualidad de la sociedad. El éxito de la intelectualidad está basado en la colectividad.

El otro éxito es efímero, porque está basado en los intereses de unos pocos, en el éxito del dinero, que puede estar mañana, pero pasado no. Además, siempre el dinero condiciona a la persona, a niveles de perjudicar a otros para conseguirlo. Tienes a una persona enriquecida hasta niveles imposibles de alcanzar, pero yo me pregunto:

¿Cómo se puede sentir una persona contenta con tantos millones a costa del sufrimiento y el empobrecimiento de tanta gente?

Una persona por tener éxito, pierde sus escrúpulos, una serie de valores, que a mí, si pierdo esto, ya no soy nada, porque soy el fruto de una marca, de un coche, de un reloj, pero no de mi misma. A mí también me gustan y no quiero que todo el mundo sea pobre, quiero que todo el mundo sea rico. Me gusta la comodidad, como a la que más, pero no a costa de los demás.

¿Qué le pides a la vida, que no tienes?

El aprender más. Tener más conocimientos cuanto antes y amor. El amor lo veo como algo relajante, como algo muy importante. El amor es cuando dos personas que se quieren y que se respetan, se juntan y cada uno aporta, lo que al otro le falta. Es como un complemento de dos personas, donde nadie está por encima ni por debajo del otro.

Tú que trabajas con la mujer. Háblame de la actual Sociedad Española.

Me has dicho una cosa que me alegra de verdad y que admiro en ti, - ponlo en el libro -, porque tú eres una de las pocas personas, que me ha dicho "que trabajas con la mujer, no para la mujer". Porque eso es lo que hago. Trabajo con y no para la mujer.

Pero y el maltrato a la mujer. ¿Qué se dice de las agresiones a las mujeres?

Cada día en España muere una mujer por esta causa y nadie hace nada. Cuando hay un atentado, salimos todos los políticos a la calle y nos manifestamos, pero cuando muere una mujer, la apuntamos en la lista y decimos: "Una Mujer muerta más"

En la Sociedad Española hoy en día, esto no ha avanzado, porque si mueren al año más de doscientas mujeres en España, no tenemos que preguntar que pasa aquí. ¿Qué clase de cultura, le estamos inculcando a nuestra Sociedad?

¿Qué tiene que hacer la mujer para tener las mismas oportunidades que el hombre?

Actualmente se dice que las mujeres tienen las mismas oportunidades que los hombres, pero en la realidad, eso no es así. La mujer tendría que estar en los sitios de decisión, en los sitios donde hay poder, articulando políticas que lleven realmente a una igualdad.

Esto solo se consigue desde la escuela. Desde pequeños los niños/as, los tenemos que educar para que en el futuro puedan considerar a la mujer, como una igual, no como alguien, ni por encima ni por debajo. Con una educación paritaria.

Y, ¿Qué ocurre con las mujeres en Latinoamérica?

Es muy difícil hablar de Latinoamérica como un contexto único. Argentina y Chile no tienen nada que ver con Perú, Bolivia o Ecuador. Mucho menos con Nicaragua o el Salvador. Por tanto, las mujeres de dichos países tienen diferentes oportunidades dependiendo de sus estudios y de su libertad de elección.

Además, tú miras cualquier país del mundo y miras la tasa de natalidad que tiene la mujer:

Latinoamérica: Cinco coma tal. Una sociedad más avanzada como es el caso de Alemania, no llega al uno coma tal. Porque la mitad de la sociedad está cuidando a esos niños. Yo defiendo a la mujer quiera tener los hijos que tenga, que quiere quedarse en su casa, pero siempre y cuando pueda elegirlo.

Este es el problema y el discurso falso y doble de decir: "No, la mujer que quiera los puede tener". Pero que tenga elección de tener quince hijos o hacer lo que ella quiera. Siempre que pueda optar a un empleo digno y de calidad.

¿Qué puede hacer la mujer Latinoamericana?

En el mundo, todo está en función de la elección. Tú eres libre, porque tienes la capacidad de elegir, lo que haces. Pero cuando no eres libre, da igual todo.

Entonces ¿qué pasa? Las Sociedades donde tienen un índice de natalidad muy alto, esa mujer no está aportando a esa sociedad trabajo remunerado. Es una sociedad mucho más atrasada, que una sociedad en la que la mujer y el hombre están trabajando.

Interesa económicamente y socialmente que la mujer aporte a la sociedad, para que todos y todas vayamos a salir adelante. Porque son mujeres que pueden trabajar, generar opinión, pueden aportar económicamente para que una sociedad vaya adelante.

O sea que es una cosa absurda, el no reconocer que la mujer tiene el derecho constitucional de estar incorporada a la sociedad, al trabajo. Porque en caso contrario, iríamos hacia atrás.

“Todavía muchas mujeres no se dan cuenta, que años atrás su éxito estaba limitado al de su marido o al de sus hijos, Ahora tú puedes tener tu propio éxito sin depender de factores exógenos. Adelante y construye tu futuro” MHRP

¿Qué nos ocurre cuando nos despiden del trabajo?

Se nos queda cara de tontos.

A mí me ha ocurrido en varias ocasiones y les puedo asegurar, que ha sido una de las peores experiencias, a las que me he tenido que enfrentar. En un principio nos cuesta entender el porqué de nuestra situación. Luego pasamos vergüenza pensando en lo que los demás puedan pensar de nosotros al enterarse.

Pero normalmente, antes de que se llegue a esa situación, habremos tenido diversas señales de alarma. Salvo en una sola ocasión, en la última no me lo esperaba, ya que mi despido se produjo por un cambio de dirección que me acabó afectando junto con todo mi equipo.

Es una sensación rara. Como si te cortasen por la mitad y te faltara algo. En ese momento vez la vida de otra manera, o mejor dicho, tú interpretas la vida de distinta forma.

"A muchas personas les ocurre, que aún sabiendo lo que quieren, son incapaces de luchar por ello. ¿Por qué? El miedo que tienen a enfrentarse con ellos mismos y el miedo, más fuerte aún, de no lograr sus objetivos, les paraliza. Con un solo sí quiero, romperán con el círculo vicioso que les mantiene atados. Hagan la prueba y comprobarán que luego, no parará hasta haberlo conseguido. Pero deberán disfrutarlo". MHRP

¿Qué hacer cuando antes de que te echen del trabajo, observas señales de alarma?

Lo primero que debemos hacer, es enfrentarnos al problema con serenidad e intentar obtener información de lo que de verdad ocurre. Si comprobamos que el problema es real, deberemos buscar inmediatamente otro trabajo, ya que siempre es más fácil encontrar trabajo, trabajando que en el paro.

Normalmente la empresa se encargará de darte señales de aviso, ya que le interesa más que tú te vayas por tu propia voluntad, que despedirte. Así que atento a las señales de aviso. Más adelante, en el tema correspondiente a la "entrevista de trabajo", analizaré a fondo lo que se debe y no deberá hacerse.

“Hoy me tomaré un tiempo para pensar en mí; empezaré canalizando lo que no me gusta de mí. Le pondré fechas a mis objetivos.” MHRP

¿Qué hacer si tienes casi cuarenta años, te despiden del trabajo sin haberte dado señales y en los trabajos a los que puedes aspirar, te pagarían menos de un tercio de lo que ganabas antes?

Esa pregunta me la tuve que contestar hará unos siete años más o menos. Era el mes de Febrero de1994. Para colmo de males, semanas antes, se me había ratificado en mi puesto, en una entrevista que había tenido en Londres sobre mis nuevas condiciones de trabajo.

Durante dos años consecutivos, había sido el máximo vendedor en el Continente Europeo, de Sistemas de Información en mi compañía y trabajaba como Director Comercial en España, para la que por entonces era la segunda mayor Agencia de Información del Mundo y que estaba presente en más de 160 países.

Tenía contacto directo con el Director Continental y mi situación en la Multinacional, era del todo prometedora. Pero en la sede central de mi agencia, hubo un cambio de timón y la persona que a partir de ese momento tendría a España bajo su responsabilidad, al ver mis ingresos, decidió sin conocerme, - ya que ella venía de la competencia -, ofrecerme algo, que desde el principio yo no podía realizar.

Así que un 14 de Febrero de 1994, se inició una nueva vida para mí.

Para colmo de males, hacía unos años había perdido el amor de mi amada y no era capaz de perdonarme a mí mismo, haberla perdido. La quería como a nadie y la había dejado escapar.

Lo había perdido todo menos mi libertad y después de un profundo análisis, decidí arriesgar mi futuro a una carta. Me sentía solo, como depositado en un bote en medio del mar, pero remaba sin dejar de hacerlo, rumbo a mi futuro.

Me repetía constantemente:

Nada es tan estimulante, que cuando todo se pone en nuestra contra. No tenía ninguna cosa con lo que empezar, excepto la capacidad de saber lo que quería y la determinación de mantenerme fiel con mis objetivos hasta haberlos conseguido.

Comprendí que cuando Dios nos cierra una puerta, nos abre una ventana y decidí hacer todo aquello, para lo cual tenía más facilidad y me sentía más a gusto realizándolo.

Solo tenía que cumplir con tres condiciones: Ser siempre lo que quería ser; apoyar a mi hija con mi presencia, amor y estímulo y por último, disfrutar de todo lo que hacía, amén de seguir remando.

Decía Albert Einstein:

"Cuando uno empieza a sentir en su cuerpo que está fracasando, lo primero que se nos puede pasar por la cabeza es abandonar; la diferencia es que el que cree en sí mismo, logra sus objetivos".

¿Cómo saber lo que uno quiere?

Es más fácil saber lo que uno no quiere, que lo que uno quiere. Pero esto nos llevará a saber lo qué queremos.

Me di cuenta que mi pasado me tenía que servir de trampolín y no de sillón. Realicé un análisis de mi situación y me comprometí conmigo mismo, para lograr darle un cambio a mi vida, que me produjese el placer de hacerlo. Fue cuando decidí volver a la Universidad a estudiar otro Doctorado y a la vez, crear el MHRP, como método de ayuda, primero a mí mismo y luego poder aplicárselo a los demás. .

Vinculé el cambio de mi vida con el placer de hacerlo y de ayudar a otras personas a que también lo consiguieran y aquí estoy delante de mi ordenador, contándole a usted querido lector un poco de mi experiencia.

Cuando Adán y Eva salían del paraíso, Adán le dijo a Eva al oído: Estamos en un momento de transición y no cabe duda de que continuamos en ese punto. Pero en nuestra vida tenemos tiempo suficiente para hacer todo aquello que queramos hacer.

¿Cómo? Sabiendo lo qué queremos.

Así que después de hablar con todos los amigos que tenía en otras empresas, cambié de trabajo y pasé de ser uno de los directivos con más información y poder del país, a una especie de desconocido en un pueblo de las afueras de Madrid. Mi nuevo trabajo sería crear el MHRP, dándole forma y para ganarme la vida, asesoraría a los demás, a partir de la gran experiencia acumulada años atrás. .

Hice un análisis de lo que quería que fuese mi futuro y me marqué unos objetivos a corto, medio y largo plazo.

Por entonces me dedicaba a ayudar a los demás, escribiendo una columna en un periódico local, dando conferencias a amas de casa y a cualquier persona que le interesase, en las Casas de Cultura de los pueblos de la Sierra Norte de Madrid. Posteriormente cuando mi Método Horna de Realización Personal fue tomando cuerpo, lo pude exponer en Colegios Mayores, Casas de Cultura, Asociaciones de vecinos y por último en la Universidad Complutense.

Mi laboratorio particular eran las miles de personas de todo el mundo, a las que primero, les he leído la mano y la grafología, amén de las cartas del Tarot, para después como Doctor en Hipnoterapia y supervisor Académico de la BIU, aplicarles la MHRP.

Todos los días podía comprobar como mi Método daba resultado, empezando por mí mismo. Actualmente en Mayo de 2015 se puede estudiar a distancia y a nivel Universitario en todo el mundo a través de la Bircham International University. Ver más detalles en www.mhrp.net

Además escribí las palabras que un día le dijo Platón a su discípulo Aristóteles:

"La libertad consiste en ser dueño de la propia vida, en no depender de nadie en ninguna ocasión, en subordinar la vida a la propia voluntad solamente y en dar poca importancia a las riquezas"

Lo que estaba dispuesto a pagar por conseguirlo.

Estaba dispuesto a pagar todo lo que tenía, por conseguir volver a la Universidad, realizando otros estudios de Doctorado, que me proporcionasen una base académica lo suficientemente importante como para lograr la Suficiencia Investigadora. También estaba dispuesto a pasar de ser una personalidad muy importante en las Salas de Tesorería de los grandes Bancos instalados en España, a dejar mi casa en pleno centro financiero en Madrid e irme a vivir a una casa de Protección Oficial en la Sierra Norte de Madrid.

Mi vida cambió de pronto y tengo que reconocer que también lo hizo para bien. Me hice más humano y comprendí que todos los seres humanos no tienen las mismas oportunidades en esta vida y lo que paradójicamente, me dejaba perplejo, era el comprobar, que aquellos seres humanos que tenían más oportunidades, no las sabían aprovechar en su totalidad.

"Nuestras propias decisiones y no las condiciones de nuestro entorno, son las que de verdad determinan nuestro futuro". MHRP.

¿Cómo lo hice?

En un principio me apoyé en mi experiencia y en los libros que tenía a mí alcance.

Estaba acostumbrado a los mejores hoteles del mundo, a los mejores coches y Restaurantes. A una vida de lujo y derroche. A no tener que preocuparme por el dinero y cuando fui a sacar la tarjeta del Hipermercado, me la negaron, ya que no tenía una nómina de ese mes. Me resultó difícil, pero cada vez que dudaba, recordaba que tenía un por qué lo suficientemente importante y que de esa manera, podía soportar casi cualquier cosa.

Cuando sentía deseos de abandonar, me acordaba de mi familia, apretaba bien mis dientes y aguantaba un poco más. Quienes solo me conocen de ahora, nunca podrán imaginar, lo arrogante, vanidoso, odioso e inhumano que llegué a convertirme mientras tenía aquellos trabajos y sobre todo, la mirada de Nagual que tenía.

Tuve que aprender a controlar mi agresividad, sobre todo, al oír las risas de personas que no comprendían que una persona con mi trayectoria estuviese "adivinando" el porvenir a los demás. Siempre les explicaba, que el destino te lo haces tú, con tus propias decisiones y aunque las circunstancias influyen, tú también, las puedes influir, cambiando aquello que no quieras.

Yo tenía muy claro y lo sigo teniendo, que no soy un adivino y lo que de verdad haga y hago actualmente, es ayudar a los demás a que ellos también construyan su propio futuro.

"El que sabe mucho de los demás, es un entendido. Pero sabio es aquel que se conoce a sí mismo. El que domina a los demás es poderoso, pero el que se domina a sí mismo, es más poderoso todavía"
Lao Tse.

Auto estima: si no lo intentas no lo conseguirás.

¿Se puede superar el miedo a la equivocación?

Claro que podemos superar el miedo a equivocarnos. Debemos aprender a equivocarnos, debemos aprender a superar nuestro miedo por nosotros mismos. Debemos aprender a correr riesgos; pero no solo los controlados; esos no son riesgos, también debemos recordar que un pez fuera del agua se muere y que un pájaro en el agua de ahoga.

Debemos aprender a aceptarnos tal y como somos y aquello que no nos guste o no queramos, modificarlo. Debemos cuidar nuestra salud. Nada en esta vida merece la pena, si para conseguirlo, ponemos en peligro nuestra salud. Debemos aprender a comunicarnos y tener en cuenta que lo importante no es lo que decimos, sino cómo lo decimos y cómo la otra persona lo entiende. Estamos en la vida para disfrutarla y vivirla de acuerdo con nuestros principios.

“La generalidad de los hombres descienden al sepulcro no solo sin haberse conocido a sí mismos, sino también sin haberlo intentado" Jaume Balmes

Todos los seres humanos ¿Tenemos las mismas oportunidades?

Por desgracia no. Diariamente compruebo que a las personas a las que he conocido, no han tenido las mismas oportunidades en esta vida y lo que es peor: Muchos de ellos, nunca las tendrán. Si vivimos en Occidente, seamos negros, sudamericanos o hispanos, blancos, cristianos, musulmanes, asiáticos, mujeres, hombres, tenemos muchas más posibilidades que aquellos que han nacido en países donde la libertad no existe y siguen viviendo en ellos.

La mayor parte de las veces, no conocen otras alternativas de vida que las que tienen y piensan que todo el mundo vive como ellos.

Cuando tenía 5 años y vivía en Panamá, mi abuelo Rafael al verme tirarle piedras a unos niños pobres que pasaban cerca de mi casa, se agachó a la altura de mis ojos y me comentó:

"Ves aquellas chabolas. Allí viven niños como tú, pero a ti la cigüeña te trajo a esta casa y no te llevó a una de aquellas casas donde serías pobre. Esos niños que allí viven, merecen todo tu respeto y aún más, ya que ellos no tienen ni tendrán las mismas oportunidades que tú vas a tener en esta vida. Tú irás a Europa y estudiarás en la Universidad que tú quieras, pero nunca olvides a los tuyos. Esos niños, ni sus hijos, podrán salir adelante sin estudios. Yo espero que tú, en cuanto puedas, les ayudes a salir adelante y a que tengan por lo menos, alguna oportunidad de progresar".

He tenido la suerte, de haberme recorrido más de 123 países en los últimos 40 años estudiando a sus gentes y qué mejor forma de hacerlo que mezclándome con ellos y en muchas ocasiones siendo uno de ellos.

Esto me ha permitido tener la oportunidad de convivir y de estudiar las culturas más opuestas de este mundo y haber desarrollado en ellas mis estudios. He convivido y trabajado codo con codo con informáticos del Silicon Valley, con financieros de la City o de Wall Street o con tribus de países remotos, Mayas, Mazatecos, Hindúes, o como en mi país Panamá con los Ngobé-Buglé.

Esto me ha dado una visión un poco más amplia, que aquel que se ha conformado con lo que la vida le daba o lo que en la Universidad le enseñaban o como mucho, haberse adentrado en libros escritos por otros.

Me ha llevado, al igual que a muchos otros que también han viajado, a vivir de una manera más espiritual y a saber apreciar las distintas costumbres, hábitos, y religiones de las diferentes culturas. Y aunque sus creencias no sean las mías, disponía de una base de comprensión mucho más amplia.

He podido elegir y elijo vivir de acuerdo a mis propios principios. Esto no me ha resultado nada fácil, ya que al ser disléxico me he tenido que superar día tras día; cuando iba al colegio y era niño, tuve que soportar a mis compañeros riéndose de mí constantemente, debido a que no sabía leer y mucho menos escribir correctamente.

Año tras año, coleccionaba suspensos, ya que todo el estudio está basado en la lectura y escritura y cuando estudiaba el Bachiller, la dislexia no se conocía.

Con 20 años estudiaba todavía el COU y mi nota media entre bachiller, COU y Universidad nunca superó el 5.1. Durante todo ese tiempo en mi casa nadie me llamó bruto, retrasado mental o adjetivos calificativos por el estilo. Me decían que era vago y que debía cambiar si quería ser algo en esta vida.

Cuando presenté las notas del COU, mi padre en un principio me echó de casa y cuando estaba haciendo mi pequeña maleta, él cambió de opinión; podría quedarme en casa y allí tendría únicamente una cama y comida, pero debería ganármela y para ello qué mejor manera que trabajando de "chica para todo".

Tenía que hacer la compra, lavar, cocinar, hacer las camas de los demás, recoger el polvo y limpiar la casa, durante dos semanas seguidas. Mi abuelo, me preguntó que cómo era posible que fuese tan listo en la Bolsa invirtiendo dinero y que en el Colegio fuese un desastre.

Le comenté que me costaba entender lo que leía y que todo lo hacía por el cuento de la vieja. Por entonces nos sabía que era disléxico profundo y que mi hemisferio izquierdo estaba intranquilizado.

Él puso un anuncio en el periódico, solicitando profesor de matemáticas que hubiese tenido problemas en el aprendizaje. Mi abuelo Rafael, sin darse apenas cuenta me brindó la oportunidad de ir a la Universidad, ya que a aquel profesor le había pasado lo mismo que a mí a la hora de aprender y tuvo que ser al terminar mis primeros estudios de Doctorado, cuando obtuve mi primer Sobresaliente en nota final.

En los siguientes estudios de Doctorado que he realizado, me he esmerado lo suficiente como para obtener las mejores notas posibles. Ahora que escribo sobre mi abuelo, recuerdo que él y mi abuela Centuca, nunca estarán muertos mientras vivan en mi recuerdo.

En el último Doctorado que estudié y que terminé en la Facultad de Psicología de la Bircham International University, (BIU)en la especialidad de Hipnoterapia, obtuve Magna Cum Laude y acababa de cumplir los cincuenta y ocho años.

Actualmente soy Supervisor Académico y profesor del Experto en Terapia Integral MHRP en la BIU.

www.mhrp.net

Capítulo VII

Adaptación a un nuevo entorno

¿Cómo debemos comportarnos en el trabajo?

Cuando empezamos a trabajar en una nueva empresa, lo primero que deberemos de tener es prudencia. Muchas compañías, sobre todo multinacionales, al firmar el contrato, te darán una especie de decálogo sobre el comportamiento en el trabajo.

En caso de que no exista este manual, será tu propia experiencia la que te dicte lo que hacer. Cuando no sepas algo o quieras informarte sobre el funcionamiento de algo en particular, busca a la persona que tú creas, que sea la más adecuada para consultarla.

No tengas miedo de parecer tonto o idiota por desconocer las normas, ya que acabas de entrar. Pregúntale a tu superior todas las dudas que tengas y sobre todo recuerda: sé prudente. Poco a poco iremos conociendo a los compañeros, pero es de suma importancia recordar la máxima que dice:

Donde tengas la olla, no metas lo que no debes.

Suele ser normal, que cuando alguien llega a un nuevo trabajo, se ilusione por alguien que ya estaba en la empresa y esto de verdad que puede resultar muy peligroso. En muchas compañías no está permitido que dos personas que mantienen una relación sentimental trabajen juntas y el motivo es muy sencillo.

Sí les va bien en la relación, todo irá de maravilla, pero en el caso contrario, será muy difícil de soportar. Sí ya resulta complicado mantener una situación confusa en la casa o fuera del trabajo, no quiero imaginarme, que te encuentres con la pareja en tu entorno laboral.

Cuando esto ocurre, lo primero que le pasa a la pareja por la cabeza, es mantenerlo oculto. Posteriormente se lo contarán a los más allegados y al poco tiempo, lo sabrá hasta el que vende los bocadillos.

Aprende a comunicarte.

Esto parece obvio, pero el saber comunicarse implica que la otra persona entienda perfectamente lo que le queremos decir y por lógica, lo que la otra persona nos dice, entendamos su significado. Para que exista comunicación, tiene que haber un compromiso entre el comunicador y el comunicado. En las siguientes líneas, lo explicaré con detenimiento.

Actualmente se dan cursos en muchas empresas sobre la comunicación, que resulta de suma importancia a la hora de que una entidad funcione sin males entendidos. El artículo 33, que quería decir: el jefe siempre tenía razón, se basa en el concepto de la Edad Moderna de la Empresa.

Surgió a partir de la segunda guerra mundial, donde los conglomerados industriales fueron creciendo de tal manera, que resultaba de suma importancia, que se cumplieran las órdenes dadas. A partir del final de los años setenta y el inicio en los ochenta, la Era Tecnológica, toma paso y poco a poco se cambia el concepto piramidal del ordena y mando y aparecen los correos electrónicos, los memorándums, etc.

La comunicación implica compromiso, ya que existe un instrumento que facilita la claridad de lo que se dice. Aquí la ventaja la tiene la empresa, ya que queda constancia y los errores resaltan más a la vista que antes. Anteriormente se usaba el teléfono para transmitir una orden o solicitar la realización de un trabajo.

Pero si tú en tu trabajo quieres cubrirte las espaldas, deja las cosas por escrito. Aprovéchate de la nueva tecnología y crece profesionalmente con ella. Los que sobrevivirán serán aquellos que logren evolucionar y adaptarse a las nuevas tecnologías.

“Tú eres el resultado de todas las decisiones que has tomado y tú puedes tomar todas las determinaciones que hagan que tu vida sea tu futuro”. MHRP

Cuando el entorno, significa cambiar de país.

Relato de Giselle. Me fui de mi país en Latinoamérica y vine a España en busca de nuevas oportunidades. En mí país, debido a la alternancia de los partidos políticos, todo tiene un término y tiene un periodo y yo no soy de una familia adinerada, de la clase oligarca del país, así que lo tenías más difícil que aquí en España.

Yo allí, al igual que aquí, tenía que demostrar que valía, que era inteligente y que podía desarrollar todos los trabajos a los cuales yo, había apostado por entrar.

Cuando vine a España a estudiar mi Doctorado, para mí era todo un reto, ya que tenía que demostrar, que estaba al mismo nivel que ellos. Aquí siempre te están diciendo, eres "sudaca" y yo eso no lo soporto.

Tienes que estar muy preparada como para poder competir y si no estás muy preparado, no tienes nada que hacer.

¿Cuáles son las mayores diferencias que existen entre tú país de origen y España a la hora de encontrar trabajo?

En España profesionalmente te puedes proyectar más, ya que tienes más salidas en cualquier ámbito, siempre y cuando tengas muy claras tus ideas, hacia donde quieres ir y por donde encaminar tus perspectivas de profesión. En mí país de origen, lo tienes muy limitado, porque todo es muy político y uno necesita tener mucho enchufe a nivel político, cosa que en España no lo necesitas.

Hay una cosa que es muy importante y que no puedes olvidar nunca. El Español aunque diga que no es racista ni clasista en términos generales, lo que sí es cierto es que le tienes que demostrar mucho más que si fueses Español y si tú eres Latino, puedes estar al mismo nivel competitivo que ellos.

Para mí tal vez lo más difícil haya sido el tener siempre que demostrar que tú no eres solamente una cara bonita y que tienes algo dentro de la cabeza. Aquí una profesional tiene muchas salidas y por ese motivo, yo opté por quedarme, ya que tenía todas las posibilidades del mundo, siempre y cuando yo me pusiese mis metas. En España he tenido que competir mucho más, a nivel jerárquico con una mujer, que a nivel de hombre.

Porque con la mujer constantemente tienes que competir y siendo además guapa e inteligente, lo llevas muy mal, porque siempre te quieren eliminar.

Para una mujer, qué le resulta más fácil. ¿Trabajar con hombres o con mujeres?

Cuando trabajas con mujeres, siempre estás compitiendo constantemente. Con un hombre dependerá del nivel profesional que tengan los dos y de la posición que ambos ocupen en la empresa.

Con el hombre se busca más el trabajo en conjunto, donde dos mentes piensan más que una. Y entonces trabajas en conjunto y buscas lo mejor para ti y para él. Para mí es mucho más fácil trabajar con hombres que con mujeres. Porque no compites.

Para mí, trabajar con los hombres es una gozada. Con ellos puedes competir de una manera inteligente, pero lo que de ningún modo puedes olvidar, es que nunca deberás de dejar de ser femenina y mujer.

No puedes competir con el hombre, para igualarlo en fuerza, pero sí en dinamismo y entusiasmo. Lo que no puedes hacer, es el tratar de pensar que eres igual que él, porque no tienes nada que hacer.

Mientras sigas siendo mujer y mientras sigas siendo femenina, lo tienes todo ganado, porque utilizando la cabeza, eres más inteligente que ellos, ya que los traes siempre a tu terreno y haces con ellos lo que quieras. Y no es que te lo diga la voz de la experiencia, pero yo he tenido todas mis experiencias así.

Perfiles "de esa fauna". Tus compañeros de trabajo

Tus compañeros de trabajo. Los grupos y la fidelidad.

Te resultará de suma importancia conocer en tu trabajo los diferentes grupos que se forman o que ya están en funcionamiento. Cuanto mayor sea el número de personas que trabajan en una organización, más complejas serán los grupos de trabajo. Una empresa funciona como el cuerpo de cualquier animal. Tendrá una cabeza pensante. Unos ojos, oídos y sentidos que analicen lo que pasa y el porqué pasa.

Unas extremidades que ejecuten lo que la cabeza algunas veces piensa. Esto es importante tenerlo en cuenta. La cabeza, en el caso de la dirección, puede en un momento determinado realizar otras funciones que no son de su prioridad.

Pero las manos, o sea los ejecutores o mal llamados "currantes", deberán de ejecutar o hacer lo que sus superiores les dicen. Cuidado con hacer otra cosa que no se las haya dicho. Cada uno deberá saber con claridad lo que se espera de ellos en su puesto actual.

¿Cómo son mis jefes y mis compañeros?

Si no puedes asistir a un curso rápido de Psicología aplicada al mundo de la empresa, déjate llevar por tu intuición a la hora de juzgar un poco como son y como actúan las personas que están a tu alrededor. Pero sobre todo, existen infinidad de libros que te pueden mostrar estas distinciones.

Uno de los objetivos de este libro, es la de presentar de una manera real, como son, como piensa y como reaccionan muchos de los directivos, compañeros y subordinados que nos podemos encontrar en cualquier tipo de empresa, independientemente del país o cultura en la que nos encontremos trabajando.

¿Cómo puedo saber como son realmente mis jefes?

A continuación analizaré uno por uno distintos tipos de personas y espero que de esta manera sencilla, usted lo pueda entender. Una de las mejores distinciones, sobre el tipo de jefe o Director que he tenido, las aprendí en el invierno de 1986, en un seminario sobre la Excelencia en el Trabajo, celebrado en Londres y que nos fue impartido a una serie de Directivos de todo el mundo, de Mc Donnell Douglas Information Systems.

Michael Maccoby, en su libro "El Ganador", publicado por Lasser Press Mexicana en 1977, realizó un amplio estudio, sobre los diferentes tipos de directivos de empresas. Elaboró un amplio estudio, sobre estos cuatro tipos de Directivos que actualmente podemos encontrar en cualquier empresa de nuestro entorno, ya sea en Europa, América o en el Continente donde usted se encuentre.

Pero lo que sí ha cambiado notablemente es el tema del género, ya que actualmente muchas mujeres, no solo en Occidente, están ocupando posiciones de mando, por tanto cuando me refiero al hombre artesano, también me estaré refiriendo a la mujer artesana.

El artesano

Maccoby escribe sobre él:

"El artesano sostiene los valores tradicionales de carácter productivo-acumulativo: ética en el trabajo, respecto a los demás, preocupación por el estatus y el ahorro".

El Hombre Artesano es un luchador nato, que basa su vida en la familia, el orden, el método y la tradición. Suele tener grandes creencias religiosas y es muy pulcro a la hora de vestir. Es también poco tolerante a los excesos de los demás, ya que los suyos, los tendrá muy bien ocultos. Visten con el mismo estilo durante todo el año y tienen una gran tendencia a convertirse en el padre espiritual, de todo aquel - que cumpla con sus normas- cuando la persona en cuestión le solicite ayuda.

Han ido subiendo en la empresa poco a poco y no son propensos a las fuertes subidas de sueldo de sus empleados. Con ellos, sus subordinados deberán comportarse de una manera correcta y con un trato cariñoso pero nunca demasiado familiar.

¿Cómo conseguir lo que uno quiere, teniendo a un jefe Artesano?

Haciendo lo mismo que él o que ella. Cumpliendo con todas las normas, que ya estarán previamente establecidas a la perfección y sin ningún tipo de vacilación. Para ellos, el tiempo es oro y no se debe perder en cuestiones banales. Por las buenas son encantadores y con ellos, nunca se tendrán problemas, si uno cumple con todos los requisitos impuestos de antemano.

La puntualidad y la pulcritud, son imprescindibles para ellos, así como el orden en la mesa de trabajo.

Cuidado con las excentricidades de cualquier tipo, ya que no las toleran. Los hombres deberán vestir de una manera clásica y si es posible, imitando la manera de su jefe, sobre todo observar que tipo de corbata o pañuelo lleva. Eso nos dará una gran idea, sobre sus gustos.

Las mujeres también deberán de hacerlo, de una manera muy clásica y sin provocaciones. Los escotes y las faldas pequeñas, no podrán estarár bien admitidas, en la sección del hombre Artesano y mucho menos en la de la mujer artesana, aunque ella sí las pueda lucir. Para eso es la jefa.

Relato de Miguel G. un hombre artesano.

Un hombre que empezó a trabajar a los 14 años y 34 años después, está en lo más alto de la cima. Resulta complicado ir progresando en mis trabajos y ver como me convertía en el jefe de mis antiguos compañeros. Cuando uno en el mismo trabajo, empieza desde abajo y crece y has empezado con los demás, es muy complicado llevarlo bien.

Es de lo peor que te puede pasar. De repente aparecen los celos y eso resulta complicado. Al principio cuando no tienes experiencia, es mejor irse a otro lado, que convertirte en el jefe de tus compañeros. Pero cuando ya lo has asumido, entonces es cuestión de equilibrio, ya que tú te sabes hacer respetar y entonces ya no hay problema.

¿Cuáles son los mayores errores que las personas cometen a la hora de venirte a pedir trabajo?

Quizás subestimarme, por la manera de ser que tengo en muchos momentos, no lo sé, pero lo que yo creo que los errores son capitales y se comenten en todos los lugares, no solo aquí, ya que ocurre igual en muchos otros trabajos.

Los mayores errores que se comenten son, no cumplir los horarios, con las normas que pone la empresa, hurtos, que es evidentemente lo que rodea a estos trabajos. Si cumplen con las normas, no tendrán nunca mayores problemas.

¿Cuál es la mejor manera de poder conseguir un buen trabajo, lo que tú recomendarías a las personas que buscan trabajo en el sector de la hostelería?

Para mí lo que realmente importa es el hablar con la persona. El currículum, casi no tiene valor para mí. Me fío más de mi intuición y de mí experiencia, que de lo que ponga en un papel. Además la gente cree que siempre me la tienen que presentar, pero no necesariamente es así.

Aquí mucha gente que llega de fuera, se me han presentado ellos mismos y ahora llevan un montón de tiempo trabajando conmigo. Lo importante es el primer impacto y sobre todo la actitud que tengan hacia mí.

Mira, las personas como yo, que somos muy sensibles, detectamos cualquier detalle, tanto si es bueno como si es malo. Es muy importante conocer la sensibilidad de las personas, teniendo tantas personas a tu cargo.

Una mujer cambia mucho con la ropa. Cuando una mujer viene a pedirme trabajo, se va a poner lo mejor que pueda, se va a poner muy guapa y eso es un punto a favor. No me va a venir hecha una facha a pedirme trabajo. Tampoco es decisivo que se ponga sexy. Yo para eso tengo paciencia y las corrijo bastante. Les digo más o menos, cómo deberían de vestir, pero son ellas las que al fin y al cabo deciden.

¿Cuándo tú comenzaste a trabajar 14 años atrás, era más fácil o difícil, el encontrar trabajo?

A mi no me ha faltado nunca. Hace tanto tiempo, que ya no me acuerdo. No me fue muy difícil, ya que enseguida trabajé. Los trabajos buenos, son más difíciles de encontrar, pero actualmente no es muy difícil encontrar trabajo.

¿Cuándo tú contratas a alguien, desde el principio, le presionas mucho?

No le meto nunca presión. Yo le digo que vaya poco a poco y le vas exigiendo, dependiendo de la persona, antes que después. Creo que si le dices lo que esperas de él, tan rápido, sin haberle visto primero como trabaja, le quemas. Mejor es dejarle que se ruede y le vas corrigiendo poco a poco.

El éxito de un negocio como este, depende mucho de la continuidad de las personas, que trabajamos de cara al público y esto cuesta un tiempo conseguirlo. El cliente se habitúa, a ver siempre las mismas caras y esto para el negocio, es muy importante. Siempre les gusta que les saluden y cuando cambias demasiado de personal, los clientes se suelen sentir incómodos hasta que se les conoce.

¿Con quién es más fácil llevarse mejor, con tu jefe o con los que trabajan a tus órdenes?

Depende del trato que tengas. De momento con tus jefes tratas menos, hay menos problemas, pero claro, cuando los hay es más difícil. Con los que trabajan conmigo, hay más problemas, pero se solucionan más rápidamente. No me merece la pena trabajar a disgusto con nadie. Tampoco yo soy muy dictador. Yo estoy creciendo en mi trabajo todos los días y he aprendido que para tener éxito, me tengo que rodear de un buen equipo. De todos ellos siempre aprendo algo y así voy perfeccionando mi trabajo. Tu evidentemente enseñas algo y transmites algo, pero tú en realidad, vas a prendiendo y vas corrigiendo todo lo que hay que corregir. Todos los días aprendes algo nuevo.

La dictadura trabajando es inevitable.

Si les tengo que echar una mano, se las echo y sin ningún problema. No van a dejar de respetarme por hacerlo. Hoy ya en estos tiempos modernos, no conozco a nadie en este país, que trabaje solo para comer. Trabaja para vivir bien, no para comer. Comer como cualquiera, eso es la verdad, seas de donde seas.

¿Qué es lo que más valoras de los demás?

Lo que más valoro en los demás es la constancia, la honestidad, la puntualidad, el no estar continuamente peleándote con los demás. Que te traten bien. La honestidad también es muy importante. Lo que no tolero es un desprecio, eso es algo, que es lo que más me molesta. Si veo que le hacen un desprecio a alguien, me molesta mucho, sobre todo en mi trabajo. Yo no subestimo nunca a nadie, sea de donde sea.

¿Qué es lo que no harías ahora?

Ponerme a trabajar tan joven. Habría estudiado más tiempo. Pero como de verdad se aprende, es trabajando. Yo pienso que un Abogado, termina la carrera y es Licenciado en Derecho, hasta que no ejerce, no es Abogado y no será lo mismo hasta que no haya trabajado. La experiencia es lo más importante y solo se consigue trabajando. Muchas veces aprendemos las cosas de mecánica.

La vida es lo que más enseña. Yo siempre que puedo hablo con gente mucho más mayor que yo y la verdad, es que se acaba aprendiendo muchas cosas, solo de lo que han vivido, se acaba aprendiendo mucho.

El luchador de la selva

No deberemos nunca de confundirlos con Tarzán, ni con Jane, ya que los personajes de ficción, resultaban mucho más humanos que los que usted tiene como jefe. La gran prioridad de un luchador de la selva, es el poder. Y, ¿Qué da el poder? Dinero, prestigio, viajes, etc.

Pero para ellos, lo más importante es el poder. Se les reconoce, por la cantidad de "Abraza farolas" - como muy bien diría José María García -, que tiene a su alrededor, además de los "Corre ve y dile".

Para ellos el poder da riqueza y lo único que les importa son los fines y no los medios que se emplean. Maccoby los describe de ésta manera:

"Tienden a ver a sus compañeros, como cómplices o enemigos y a sus subordinados como objetos para ser utilizados"

El artesano, por lo menos te escucha. El luchador de la selva, te grita, menosprecia y cuando quiere algo de ti, te dará una palmada en la espalda y cuando ya no le sirvas, te tirará a la basura.

Son personas con sólidos principios: Los suyos. Los demás principios no importan.

Pero ojo si él te necesita. Te seducirá, te utilizará y te hará que tu vida, sea un verdadero desastre cuando no estés al cien por cien, trabajando para él. La táctica que utilizan es siempre la misma. Un día te invitan a tomar un café o se presentan en el lugar más adecuado en el momento en que tú estés sola.

¿Cómo? Te habrá estado observando durante un tiempo y sabrá todos tus secretos, ya que habrá utilizado la información que ha obtenido sobre ti de personas que te conocen. Así que cuando te empieza a seducir, se transformará en un ser VULNERABLE, interpretando una actuación sobresaliente, digna de poder ganar de calle, el Oscar de Hollywood.

¿Cómo seducen a las mujeres que trabajan con él?

Primero te darán lástima y se harán víctimas de la vida. Sus padres nunca le quisieron, su mujer le maltrata, sus amigos solo quieren su poder y su dinero; sus hijos son unos ingratos y solo van a lo suyo.

Él, solo quiere encontrar a una mujer y seguidamente enumerará las condiciones que debería de tener una mujer, para que él pudiese ser humano y sentirse a gusto con su vida.

La mujer se quedará muy sorprendida, ya que la ha descrito a ella en casi un 90% de lo que él piensa que necesita de su pareja y len un cien por cien, en lo que él estará dispuesto a ofrecer a la mujer adecuada. Pero él será muy inteligente de no querer llevársela a la cama inmediatamente y le pedirá que no le cuente a nadie su conversación.

La actitud del hombre luchador de la selva a partir de ese momento hacia ella cambiará y se comportará como un niño débil y vulnerable delante de su presa. Como tienen una labia increíble, convencerán a un esquimal, de lo importante que le representará comprarle una nevera, para conservar mejor los alimentos. Normalmente no suelen redactar muy bien, pero para eso tiene a otros personajes, para que lo hagan por él.
Son unos líderes naturales y poseen un gran carisma, sobre todo cuando se muestran como personas, pero son un verdadero peligro a la hora de trabajar a su lado y sobro todo, al ser una de sus víctimas.

Eso me recuerda a los cocodrilos del río Nilo, que aparentemente lloran cuando van a devorar a su presa. Pero ojo, que este taimado cocodrilo, es tan fiero como aquel viejo verso, creo recordar de Samaniego, que un día nos enseñaron en el Bachiller sobre el perro y el cocodrilo. Suelen ser muy celosos de comentar sus sentimientos y su vida privada. Ella solo sabrá de él, lo que a él le interesa que ella sepa y nada más.

Y la chica que siempre creyó que él era un hijo de puta, cambia de opinión y se convierte en su alma salvadora. Esa noche, la pobre mujer soñará en que su Príncipe azul nunca aparecerá para salvarla, pero mejor aún, será ella la que se transformará en un Príncipe azul, para así poder salvarle a él, de tanta gente mala.

Los papeles habrán cambiado. Primero, la pésima opinión que ella injustamente había mantenido respecto de él, - hasta que él de verdad le abrió su corazón -, la cambiará por la de un pobre hombre que en el fondo solo necesita a una mujer como ella, que le quiera por lo que él es y no por su poder.

El Completo.

¿Cómo poder enfrentarse a un Jefe sumamente duro?

Con su propia medicina. Hace algunos años conocí al máximo exponente de lo que puede ser un profesional como este, pero tengo que reconocer que aprendí mucho de él y que me hizo ganar mucho dinero. Nada más conocerme, mientras me hacía la entrevista de trabajo, en su amplio despacho y después de que yo le contase mi experiencia profesional, se levantó de pronto de su asiento, me agarró de la solapa y chillándome a la cara me gritó:

"Pero quien coño se cree que es usted, como para venir a pedirme trabajo."

Aquello me impresionó bastante, pero yo ya había pasado por situaciones similares y levantándome de mi asiento, sin uno de mis zapatos, - que por cierto, del susto que me había llevado, se me había salido del pie, supongo que por los nervios -, entonces me levanté de la silla y le dije:

"Si han sido ustedes los que se han puesto en contacto conmigo y son los me quieren contratar".

Recogí mi agenda, con la intención de marcharme de aquel despacho lo antes posible, pero y mi zapato...

¿Dónde se había metido?

Yo estaba de pie inmóvil y sin saber lo que hacer, pero aquello desconcertó bastante a mi interlocutor. Él me miraba desafiándome, pero no me decía nada. Ahora que conozco bastante bien, los gestos de los primates, seguro que me estaba enseñando la dentadura de abajo, pero esto último, es tan solo una suposición.

Entonces tomé el valor de no sé dónde y le dije, mirándole fijamente a los ojos, y haciéndole la señal de pedir tiempo muerto en el baloncesto:

Tengo que recoger mi zapato y sin darle tiempo a reaccionar, me agaché debajo de la mesa del despacho y como pude recogí mi pobre calzado, temiendo que me diese una patada en mi trasero.

Al enseñárselo, antes de ponérmelo en el pie, mi nuevo Director general se empezó a reír de una manera muy violenta y me dijo: Aquí quiero trabajando gente como usted, que no se asuste de un impresentable como yo.

Han pasado muchos años de aquello y a este hombre le recuerdo con mucho cariño y gran respeto. Cuanto Don Santiago de G. me enseñó a ser mejor persona. Pero volvamos a lo que importa.

¿Cómo poder convivir con una persona así?

La información es la respuesta. Quien tiene la información tiene el poder. Recopile todo lo que se sepa de él, e intente verificarlo. Sepa dónde come, con quién come, lo qué come. A que hora llega al trabajo, lo que no le gusta, lo que le gusta, cuáles son sus debilidades y sobre todo su equipo de Fútbol. Sus estudios y sus aspiraciones.

Cómo mi función era la de vender grandes sistemas de información, me puse rápidamente a ello y lo primero que descubrí, fue el profundo respeto que profesaba el Director General por su familia. Era un tema sagrado para él, además no le gustaba hablar de política, pero me enteré que era muy de derechas, de los de entonces. También para mi desgracia, yo no tenía aparcamiento en el trabajo y aunque la hora de entrada, estaba fijada a las 8:30, yo tenía que estar a eso de las 8, para poder aparcar mi coche.

Tengo que reconocer que había una razón de fuerza mayor, para que yo estuviese tan pronto en mi trabajo, pero esa me lo callo. No tenía nada que ver, con mi gusto por el trabajo.

En lugar de irme a tomar café al bar de la esquina, cuando llegaba al trabajo, siempre me iba derecho a trabajar a lo que era mi despacho compartido con otros Account Managers. Yo sabía que me esperaba un gran futuro en aquella Multinacional, que tenía como Presidente de la Compañía, a Werner Michael Blumenthal, Secretario del Tesoro Norteamericano, con Jimmy Carter entre 1977 y 1979.

A los clientes les regalábamos billetes firmados por nuestro Presidente y aquello impresionaba, pero cuando tenías que luchar contra IBM, se convertía en una pequeña anécdota.

Descubrí que él Director General tenía un sistema de información digno de mi antiguo jefe. Ese sí que controlaba los flujos de información.

Mi nuevo Director General era un gran adicto al trabajo, se lo tomaba todo muy en serio y solo hablaba con los empleados encerrado en su despacho.
Yo tuve la suerte de conocerle bastante mejor que mis compañeros, debido a nuestras continuas visitas a los clientes y descubrí que en el fondo y fuera del trabajo, era una excelente persona.

En cambio, el que por entonces era mi jefe, me resultaba un hombre más próximo, con una formación tecnológica y humana fuera de lo normal. Pero a los pocos meses él se marchó de la compañía y se fue como Director a otra Multinacional Texas Instruments y mientras buscaban a un sustituto, tuve que reportar directamente al Director General.

Fue entonces cuando le conocí y me formé de él, una muy buena opinión. Como al irse mi jefe, me dieron más clientes, también me duplicaron la cuota de ventas. De pronto convertí al Director General en mi mejor vendedor.

¿Qué cómo? Muy fácil.

Cuando tenía casi cerrado un contrato, le pedía ayuda y él estaba encantado de dármela, ya que son gente de acción y no de despachos. Él, lo que realmente le gustaba era la acción y yo se lo daba en bandeja.

También me di cuenta, de que él estaba muy interesado en mi progreso y me daba algunas "Big Deal", grandes cuentas, para que yo las llevara.

Algo bueno hizo en mí vida, ya que las pocas veces en que nos hemos vuelto a encontrar, siempre nos hemos tratado con un profundo respeto. Aprendí mucho de aquel hombre pequeño de estatura, pero inmenso de corazón. Cuando después de haber hecho el 400% de mi cuota, Mc Donnell Douglas me contrató como Jefe de Zona, fue la única persona de la Compañía que no asistió a mi despedida y sin embargo es a la persona que nunca he olvidado. Gracias Don Santiago.

Averiguas tus límites.

¿Cómo nos percibimos a nosotros mismos?

"El hombre es lo que cree que es". A. Chejov

Si nos percibimos optimistas, seremos optimistas; si nos percibimos ganadores, seremos ganadores; si nos percibimos sumisos y perdedores, eso es lo que seremos. Si te alimentas de pensamientos negativos, generarás negatividad a tu vida y a los que te rodean. Si cambias y mejoras tu conducta interior, mejorarás tu vida y disfrutarás de ella minuto a minuto. A lo largo de nuestra vida tendremos momentos mejores y otros diferentes a los cuales, nosotros deberemos de hacerles mejores.

¿Cómo?

Sabiendo en cada momento lo qué queremos y enfrentándonos a nosotros mismos día a día, con el objetivo de podernos superar.

¿De verdad que puedo elegir, quién quiero ser?

Claro que tú puedes hacerlo. Lo que tienes que hacer primero, es plantearte de verdad, todo lo que tú quieres ser y luego analizar los cambios que se producirán en tu vida, en el momento en que tú libremente decidas ponerte en acción. Si por ejemplo quieres estudiar una carrera Universitaria, deberás contar con un apoyo económico que te lo permita; con unas horas lectivas y de estudio, amén de los años que tendrás que invertir en ello.

Hace muchos años leí un libro de Richard Bach, llamado Juan Salvador Gaviota y otro que también escribió posteriormente, titulado Ilusiones y en él, Bach escribía:

De ti depende el elegir ser una nube o ser el cielo. La nube ignora por qué se desplaza en una determinada dirección y a una velocidad específica. Siente un impulso, ese es el rumbo del momento. Pero el cielo conoce las razones y las configuraciones que hay detrás de todas las nubes y tú también las conocerás cuando te eleves a la altura indispensable para ver más allá de los horizontes. Podremos alzarnos sobre nuestra ignorancia, podremos descubrirnos como criaturas de perfección, inteligencia y habilidad. ¡Podremos ser libres! Podremos aprender a volar.

¿Cómo podemos aprender a aceptarnos a nosotros mismos?

Aceptarse a uno mismo, es una de las tareas, - junto con la de enfrentarse a uno mismo -, más difíciles a la hora de vivir en paz y en armonía. Una de las personas, que más ha hecho por el entendimiento de las distintas Culturas, amén de haber ayudado al mundo a erradicar la peor de las plagas que hemos tenido, que fue la esclavitud.

Me refiero al Dr. David Livingstone, que murió rodeado de hombres y mujeres el día 1 de Mayo de 1873 en el pueblo de Tchitammbo en Ilala.

Henry Morgan Stanley, el que pronunció la tan célebre frase: Dr. Livingstone supongo, narra el siguiente episodio que le ocurrió a él cuando por fin encontró al Dr. y estando cenando en la orilla sur del lago Tanganica le preguntó:

¿De qué tiene miedo Mr. Livingstone? ¿De la muerte?

Y Livingstone le contestó:

- Sabe, una vez casi me mató un León hará unos cuantos años; aquello me hizo reflexionar sobre lo fácil que es morir y me sentí orgulloso de aquel descubrimiento, pero aprendí que hay muchas cosas peores que la muerte.

¿Cómo cuáles?

El enfrentarse a uno mismo todos los días.

Livingstone era un hombre pequeño, pero con un corazón ENORME. Tanto es así, que al morir, sus ayudantes se le extrajeron y lo enterraron debajo de una Acacia en el centro de África, muy cerca del Lago Tanganica.

Dos de sus ayudantes embalsamaron el cuerpo y junto a 60 personas todos africanos, dirigidos por Susi, su principal sirviente y amigo, atravesaron más de 1000 kilómetros de selva, invirtiendo en el trayecto, más de 11 meses en llegar a la costa, para entregar el cuerpo a las Autoridades Británicas.

De esta manera tan humana, el cuerpo de este gran hombre descansa en paz en la Abadía de Westminster. Su corazón está enterrado en África. En esa África tan amada para todo aquel que haya tenido el valor de adentrarse por sus tierras y convivir con sus gentes.

No quiero olvidarme al escribir sobre África de Sidi Bombay, al que le dediqué mi primer trabajo en mis cursos de Doctorado en Antropología. Bombay participó en las 5 principales expediciones británicas del siglo pasado y fue el único hombre en cruzar el continente africano caminando de sur a norte y de este a oeste y que paradójicamente -nunca fue invitado a Inglaterra-, ni reconocida su aportación al mejor entendimiento de los humanos.

Su nombre para mí siempre estará grabado al lado de los Burton, Speek, Livingstone, Stanley, que fueron los principales geógrafos y viajeros por África en el siglo XIX.

¿Estoy realmente en mi camino? ¿Cómo puedo saberlo?

Saber por qué hacemos lo que hacemos; por qué sentimos lo que sentimos y por qué vivimos como vivimos es fundamental. Cualquier persona y en cualquier condición puede lograr todo aquello que se proponga, aunque de nada le valdrá si no es capaz de disfrutarlo. Pero sí de verdad lo disfrutas, nada ni nadie podrá detenerte en tú camino hacia tu propia realización personal.

Para ello primero deberás saber lo que quieres, cómo lo quieres y lo que es más importante: Determinar lo que se está dispuesto a sacrificar por conseguirlo; ya sea en tiempo, dinero, o esfuerzo.

El segundo paso que se debe de dar, es el de ponerle fechas de cumplimiento; esto quiere decir, que uno se deberá comprometer con uno mismo, a no desfallecer ante las adversidades; aunque todo se ponga en contra si la persona persiste, logrará su objetivo, el cual posiblemente no tenga que ser el inicial, pero se le parecerá mucho.

¿Por qué algunas veces, todo nos sale mal?

Muchas veces nos ocurre, que en un momento determinado de nuestra vida, que todo lo que hagamos nos saldrá invariablemente mal. Pero sí nosotros somos capaces, de dedicar todo nuestro esfuerzo y nuestra energía enfocándola hacia un determinado objetivo, seguro que saldremos adelante.

Para mí entender, uno de los seres humanos más luchadores que ha existido, ha sido Charles Chaplin. En su autobiografía nos cuenta:

"Después de mi fracaso en el Forester todo lo que intenté resultó un desastre; sin embargo en la juventud existe el formidable elemento del optimismo, pues ella siente instintivamente que la adversidad es pasajera y que una racha continua de mala suerte es tan improbable como el recto y estrecho sendero del bien; ambos se desvían con el tiempo. Llegó un momento en mi vida en que me di cuenta de que debía equivocarme lo menos posible, ya que el tiempo es el único bien escaso".

He aprendido mucho leyendo a grandes pensadores, hablando con infinidad de personas de diferentes culturas, pero de lo que más he aprendido es de la superación de mis propios errores. Lo que podamos hacer con mayor facilidad es siempre lo que debemos hacer ya que como escribía Napoleón Hill:

"La oportunidad tiene el hábito de aparecer por la puerta de atrás, y a menudo viene disimulada con la forma de infortunio, o de frustración temporal. Tal vez por eso hay tanta gente que no consigue reconocerla."

Lo importante no es lo que hacemos, sino cómo lo hacemos. Los objetivos que nos planteamos los podemos alcanzar, pero eso no quiere decir que los logremos todos. Cristóbal Colón se marcó el objetivo de encontrar un camino más corto para llegar a la India. No lo encontró pero descubrió América.

También Colón se marcó el objetivo de demostrar que la tierra era redonda y aunque él pensó que no lo había conseguido, le abrió a Magallanes el camino para que lo hiciera.

Cuando nos planteamos un objetivo debemos realizar un plan para lograrlo y ponerle fechas de cumplimiento.

Debemos comprometernos y sobre todo debemos disfrutarlo. Y recordar que lo que verdaderamente importa no es alcanzar todos los objetivos que nos planteamos a lo largo de nuestra vida; lo que importa es el compromiso que voluntariamente aceptamos, para alcanzar el objetivo.

No debemos poner todos los huevos en la misma cesta. Debemos plantearnos objetivos a corto, medio y largo plazo, hacerlo por escrito y ponerles fechas de cumplimiento. Para obtener todo aquello que queramos, pero para ello, primero deberemos conocernos, deberemos saber lo que queramos y deberemos disfrutarlo, desde el momento en que emprendemos el arduo camino de lograrlo.

Un claro ejemplo lo tenemos en Carlos Vives, que en una entrevista de Prensa, publicada por Juan Francisco Alonso en la revista Blanco y Negro del 17/12/95, cuando le preguntaban sobre su éxito, contestaba:

"Mire, la única persona que creyó en mí fui yo. Nadie más. Ahora el éxito me ha enseñado mucho, me ha hecho más sólido. Sencillamente, me dejo guiar por lo que me gusta, por lo que siento. Trabajo con herramientas muy nuestras, y eso también me da seguridad".

Capítulo VIII. El estrés.

No me siento feliz con mi trabajo.

No me compensa ya que trabajo 12 horas al día. Cuando uno trabaja 12 horas al día, será porque uno tiene un objetivo muy importante o el negocio en el que trabaja es de la persona. Muchas individuos, incluso trabajan más de 12 horas al día y la única manera de poder soportarlo es con ilusión, sobre todo, cuando uno piensa que no le compensa tanto esfuerzo y dedicación, invertidos en un trabajo, en que no te valoran lo que tú das.

Por mi experiencia sé, que muchas veces las mujeres tienen que trabajar el doble que los hombres para ganar la mitad que los varones. No soy feminista al decir lo que pienso, pero en este punto, las mujeres ejecutivas lo tiene bastante peor que los hombres.

¿Por qué?

Como Antropólogo, diría que por una cuestión cultural. Desde los tiempos inmemoriales, los hombres han puesto las reglas del juego y desde que las mujeres accedieron a puestos anteriormente dominados por los hombres, se han tenido que convertir en hombres.

La mayoría de las mujeres ejecutivas en España, a primeros del Siglo XXI, visten traje de chaqueta en invierno y en verano pantalones. Eso de enseñar las piernas, está muy mal visto, ya que no vayan a confundirlas con caras y cuerpos bonitos.

En un capítulo anterior, Roxana nos decía: "No me gusta que me miren por guapa. Yo pretendo tener otro éxito, el éxito de la intelectualidad, en ser aceptada por los demás, que los demás me consideren como persona y no como mujer guapa".

Pero y qué ocurre entre las propias mujeres ejecutivas. En otro capítulo, Giselle nos dice al respecto:

"Cuando trabajas con mujeres, siempre estás compitiendo constantemente. Con un hombre dependerá del nivel profesional que tengan los dos y de la posición que ambos ocupen en la empresa".

Emerson nos dice al respecto: La suma de la sabiduría consiste en no haber perdido el tiempo dedicado al trabajo. Por tanto, si te ocurre que te sientes explotado en tu trabajo y no ves futuro en él, cámbialo, pero también ten presente los consejos de uno de los mayores creadores del Siglo XX, Charles Chaplin cuando nos decía:

“Algunas veces tendrás que trabajar durante un tiempo en otros trabajos que no te gustan, pero te posibilitarán encontrar el tuyo”

Me llevo el trabajo a casa (el estrés)

Malo, muy malo. Esto es algo que no debemos hacer habitualmente, ya que lo único que estamos haciendo, es apartándonos de nuestra felicidad. En los países anglosajones, la hora de salida del trabajo, se lleva a rajatabla. Algo bueno tenían que tener y en esto, a los latinos nos dan sopas con hondas.

Es como cuando vemos en algunas películas Norteamericanas de adolescentes, que toca la campana de salida y todos en desbandada, cogen sus libros y se marchan.

Por tanto, también diré que es un problema cultural. Si observas que tus superiores se quedan después de la hora de salida, tú por hacer camarilla también lo haces y como lo hagas una vez y otra vez, has sobrepasado la línea y te será difícil no sobrepasarla. El trabajo deberá quedarse en el trabajo y a la salida del trabajo, deberemos de emprender otra actividad.

Lo voy a poner más gráfico, inspirándome en muchos libros anglosajones de auto ayuda. Dos leñadores se levantan a la misma hora, desayunan lo mismo y se dirigen al mismo lugar a cortar árboles. Uno nada más llegar, empieza a talar árboles, mientras que el otro, invierte un buen tiempo en afilar el hacha. El que se dedica a talar desde el principio, piensa mientras ve a su colega afilando el hacha:

Este tarado no tendrá tiempo para cortar los árboles necesarios. Yo afilé mi hacha ayer y está perfecta.

Cuando el leñador que estaba afilando el hacha empieza a cortar los árboles, el otro, el que empezó nada más llegar al bosque, ya lleva cortado dos arboles. Por tanto tiene una notable ventaja. A media mañana, otra vez el leñador, al que le gusta afilar el hacha, invierte otra vez su tiempo en ponerla en condiciones.

Otra vez el leñador que había afilado su hacha el día anterior, piensa que su compañero es idiota, o mejor dicho un poeta y un vago, ya que mientras afila su instrumento, silba, toma agua, come algo.

En cambio el otro que es tan fuerte como un roble, desde que llegó, no ha dejado de talar.

Al final de la jornada, el leñador que se consideraba un gran trabajador, comprueba con asombro, que su colega el poeta, ha talado el doble de árboles que él.

¿Cómo es posible? Para que un hacha funcione correctamente, deberá estar muy afilada. El hacha en nuestro caso es la mente humana. Si una persona es capaz de administra su tiempo tendrá el tiempo suficiente para poder lograr todo lo que quiera.

"A lo largo de nuestra vida disponemos de tiempo suficiente para hacer lo que queramos, si lo utilizamos correctamente". Goethe.

No puedo tener vida privada

¿Cómo vas a tener vida privada trabajando 12 horas al día y después, como si te fuera poco, te llevas el trabajo a casa?

Un buen observador sabría, que la que se pregunta esto, es una mujer, que viste impecable, que es muy ordenada, muy trabajadora, que se toma todo muy en serio, que nunca tiene tiempo para ella y de signo Virgo. El novio que tenía le dejó por otra, que estuviese más relajada y que le importase su trabajo bastante poco.

Sin embargo, ella saldrá adelante y encontrará la paz y tranquilidad que busca. Es una persona luchadora, tenaz, honrada, sus padres están muy orgullosos de ella, asusta a los hombres vulgares, que la ven demasiado mujer para ellos.

Yo le diría a esta persona: Si no lo haces ahora, cuando lo vas a hacer. Lo que debes de lograr es disfrutar de todo aquello que haces. Planifícate y desarrolla tu trabajo lo mejor que puedas. Cumple con tus obligaciones y para ello será mejor que vayas al capítulo donde trato el cómo planificarte.

La vida es demasiado breve como para que nos la tomemos siempre en serio, ya que ninguno de nosotros, saldrá vivo de ella. Mi filosofía de vida, se basa en mis conocimientos, lo que he ido aprendiendo de los demás y siempre he sabido que cuando una persona nunca tiene tiempo para nada, es que se organiza mal.

Disfruta todo aquello que haces. Organízate. De portero de discoteca a piloto de Helicópteros

Así que amigos míos, a organizarse y disfrutar. Años atrás sin ir más lejos, me encontré con Jaime, novio de Marisa e hijo de Ana. Le conocí en Testa, la mejor discoteca, en sus tiempos del mundo y de parte de la sierra de Madrid. Jaime era el portero de la discoteca y recuerdo que siempre que él podía, le veía en la puerta estudiando.

Un día nos hicimos amigos y hace poco recordábamos los viejos tiempos. Él quería ser piloto de Helicópteros y como no tenía tiempo para nada, decidió trabajar de portero en una discoteca. Así mataría varios pájaros de un tiro. Vería a todos los amigos, sin perder el tiempo en ir a visitarles. Su novia le tendría controlado. Las copas las tenía gratis y los días en que iba poca gente al local, estudiaba como loco.

¿Qué logró con aquello?

Haberse pasado unos veranos de fábula sin gastarse un duro. Haber conocido gente interesante y sobre todo, terminar sus estudios. Ahora trabaja en el Norte de España y recorre todo el mundo que puede. Es libre, tiene muy buenos amigos, incluido Carlos C, que se merece un capítulo aparte.

Espero que pronto volverá a llevarse bien con su madre. Eso es lo más importante, ya que de nada le valdrá tenerlo todo, si no es capaz de estar al lado de una persona tan excepcional como Ana. Además una madre es una madre y madre solo hay una.

"La fuerza de la alegría es maravillosa y su poder de duración perseverará mucho más tiempo que lo triste y lo sombrío" Thomas Carlyle

Aunque me gusta mi trabajo, no cubro mis necesidades. Bueno, por lo menos te gusta tu trabajo y te aporta otras cosas que tal vez, el tema meramente económico no lo haga. Especifica primero cuales son tus necesidades y sí las básicas están cubiertas. Posteriormente explicaré que una de las mayores causas del estrés viene dada por la falta de dinero.

Eso nos produce angustia y ésta última nos lleva a la depresión. Así que será mejor, que además de tomarte la aspirina, vayas al médico a que te asesore.

¿Qué quiere decir ir al médico en este caso?

Que hables con otra persona experta en el tema, preferentemente que haya pasado por situaciones parecidas e intentes hacer un análisis lo más exacto que te sea posible, sobre tú situación actual. También puedes hacerlo tú mismo, a solas, pero sé honesto contigo mismo. Planteate, si realmente en este preciso momento, tú tienes otras alternativas válidas.

En el caso de que las tengas, haz un análisis de los pros y los contras que cada una de las opciones te ofrece, pero deberás también tener en cuenta, todos tus intereses a corto, medio y largo plazo. Lo máximo a lo que podemos aspirar en esta vida, es a vencernos a nosotros mismos.

Exígete, ayúdate, anímate, perdónate, quiérete y no te compadezcas jamás. No pierdas el tiempo y cuando te des cuenta, de que lo estés haciendo; disfrútalo. Solo tenemos una vida, pero en ella tenemos el tiempo suficiente para lograr todo aquello que queramos. Primero, conócete, luego decide todo aquello que tú libremente quieres ser y empieza a disfrutarlo.

No esperes jamás al mañana si puedes conseguirlo hoy. Como decía Joan Manuel Serrat, hoy puede ser un gran día, y mañana también y no lo dejes escapar

Tendrás toda la armonía, la paz, la tranquilidad y esa seguridad tan necesaria.

¿Cómo se produce el estrés?

No existe solo una razón para que el estrés aparezca, pero relacionado con el trabajo, el estrés suele venir motivado cuando la persona que lo padece, no puede sacar a tiempo el trabajo que se le ha encomendado. También suele ser debido a que la persona en cuestión, no sabe en ese momento resolver alguno de los problemas que se le presentan y no es capaz de pedir ayuda a sus superiores.

Otras causas asociadas al estrés, pueden venir motivadas cuando la persona no le resulta posible sacar con éxito su trabajo adelante, ya que o tiene demasiado o no sabe planificarse. En el trabajo de Burnout, Mobbing,: Estrés. Principales riesgos relacionados con el aspecto psicosocial.

Para la UGT, Unión General de Trabajadores, las características personales que modulan las intenciones y las conductas del individuo y que tienen influencia en la producción de estrés son:

- Rasgos de personalidad: algunas cualidades o características de la personalidad de ciertas personas, conductuales, temperamentales o, sociales, explican las diferencias entre un individuo y otro.

- Las necesidades del individuo: entendidas como las carencias de algo que si estuvieran presentes, tendería a fomentar el bienestar del organismo.

- Las aspiraciones: deseos de llevar a cabo lo que uno se propone.

- Las expectativas: disposición adquirida en virtud de la cual se espera una respuesta a un estímulo produzca una situación determinada.

- Los valores: se refiere a qué fines o medios para conseguirlos son deseables.

- La formación, destreza y conocimientos adquiridos, la experiencia y la capacidad intelectual y física que posee el individuo.

- La condición física y los hábitos de salud son aspectos que influyen en la capacidad del individuo para enfrentarse a los problemas del trabajo.

Estar quemado o reventado y su diferencia con el estrés.

Para Iñaki Piñuel, el acoso laboral como riesgo psicosocial podría ser confundido con otra patología laboral denominada 'síndrome del quemado', o burn-out. Sin embargo no representan el mismo fenómeno, pues literalmente el burn-out significa 'estar quemado' o desgastado por circunstancias puntuales o características inherentes a la profesión o el trabajo, el cual genera en el trabajador una intensa demanda en el aspecto emocional, exigencia muy común entre maestros o enfermeras, por citar dos ejemplos.

En México puede utilizarse el término 'reventado', en lugar de burn-out. El mobbing también es confundido con el estrés y tiene paralelismos en sus manifestaciones con el acoso escolar, al que se asemeja en gran medida. En la mayoría de los casos, tanto en el acoso escolar como en el laboral, las estrategias que utilizan los acosadores o mobbers son sutiles, como se ha visto más bien de índole psicológica, pues la intención es no dejar rastro o huella del acoso.

Lo que se pretende es hacer pasar al acosado, o mobbed, por incompetente o problemático y, de paso, no poder ser acusados de nada, debido a la difícil demostrabilidad de una agresión de tipo psicológico.

A tales efectos, una táctica muy común es la provocación continuada, a través de la cual se intenta que la víctima, debido precisamente a la tensión o estrés a que vive sometida, acabe explotando y en un arranque de ira traicionándose a sí misma, bien de palabra o acto, con lo que ya se ha logrado el pretexto para el castigo o la expulsión, y así el acosador puede lavarse las manos.

En este sentido, en una reciente sentencia del Juzgado de lo Social de Santander se establece un «concepto uniforme de Mobbing». Este juzgado entiende por Mobbing aquella presión laboral tendente a la autoeliminación de un trabajador mediante su denigración. El Mobbing puede desembocar en enfermedad profesional, es decir, derivada del trabajo, aunque tanto autoridades como empresas se muestran muy reacias a admitir esta circunstancia como tal. Iñaki Piñuel. Mobbing, el estado de la cuestión. . Gestión 2000

Pero y las causas externas al trabajo.

¿Qué otras causas externas pueden provocar el estrés laboral? ¿La relación con la pareja?

En mi caso siempre se producía por el mismo motivo y no tengo vergüenza de confesarlo. El amor o mejor dicho, el mal de amores. Ningún trabajo ha podido conmigo, cuando tenía a aquella mujer, a la que tanto amé apoyándome.

Recuerdo el mes de noviembre de 1987. A mi padre le había dado un ataque cardíaco y estaba a punto de morirse. Yo me acababa de arruinar por vez primera en la Bolsa y me sentía solo. Le pedía a Dios que me ayudara y me mandó a la mejor y más completa persona que había conocido hasta entonces. Ella me ayudó a salir adelante y tanto fue así, que cinco años después, cuando me di cuenta que la había perdido definitivamente, le mandé 60 Rosas Rojas a su casa con ésta dedicatoria:

Gracias por haber compartido 60 meses de tu vida conmigo. Gracias por haberte casado conmigo, pero sobre todo gracias por HABERME QUERIDO. Tengo que reconocer que en este preciso momento, en que escribo estas líneas, algunas lágrimas fluyen de mis ojos.

Lo mismo le sucedió a mi amiga Cristina, la protagonista de mi novela Pentimento, oyendo "Qué Bello es Vivir" de los "Los Cuentos de Hoffmann" de Offenbach.

¿Qué es sino la vida?.

Si uno no es capaz de recordar lo bueno de tu propio pasado, malo.

No lo hago por nostalgia, ya que lo dejo salir en lugar de reprimirlo y así me siento mejor. Esta es una de mis debilidades y la acepto. Lo he compartido con usted y probablemente nunca nos conoceremos, pero quiero decirle que ahora, mientras continúo escribiendo este libro, escucho a Whitney Houston cantando "I will always love you".

Tengo que confesarle también, que a pocas mujeres he querido de verdad, pero a todas ellas las querré evitérnamente.

¿Cómo poder liberarse del estrés?

Siempre que puedo oigo música y cuando quiero cambiar mi estado de ánimo, escucho algo que me motive y a los pocos segundos estoy otra vez dispuesto a comerme el mundo.

Si hubiera reprimido mis sentimientos, ahora seguiría en un estado negativo. Sin embargo estoy feliz por haber sido capaz de dejar fluir mis sentimientos, compartiéndolos con usted. Así que querido amigo desconocido, ya tenemos algo en común; algo en que los dos hemos tomado parte. Yo dejando mis sentimientos fluir y usted leyéndolos.

La libertad y el estrés.

Esto es algo incompatible. Quien tiene libertad, no puede tener estrés. La pérdida de la libertad, es algo que produce estrés. No conozco a ninguna persona verdaderamente libre que sufra de estrés. Mis amigos primitivos de la Cuenca Amazónica o de la Selva panameña, por lo menos cuando les visité la última vez en mayo del 99, eran libres, por tanto no conocían esa palabra.

Pido a Dios, que lo sigan siendo, pero por las noticias que tengo, por desgracia, la han perdido. Pero este es otro tema aparte.

¿En qué consiste la libertad?

La libertad es la capacidad de decisión que tenemos en torno a nuestra vida. Todo aquel que puede decidir es libre. Que nos equivoquemos o no, en un principio es lo de menos. Lo importante es aprender a saber lo qué queremos y, sobre todo, a decidir en qué queremos que se convierta nuestra vida.

Cada vez que no estemos de acuerdo con algo, nos lo quitaremos de encima y veremos que, en cuanto lo hayamos hecho, saldrá de nosotros nuestra auténtica creatividad, nuestro verdadero ser.

Escribía Mariano J. Vázquez Alonso en el prólogo de Confía en ti mismo de mi pensador favorito R.W. Emerson:

"La meta del hombre no es otra que llegar a saber quién es. En el conocimiento de uno mismo, estriba toda la sabiduría de este mundo y de todos los mundos posibles. Esta sabiduría es al mismo tiempo Plenitud y Libertad. No hay tratados, ni métodos para aprenderla; solo hay Intuición"

El control del gasto, el estrés y nuestra salud financiera

"Normalmente no pensamos en lo que tenemos; sino que pensamos siempre en lo que nos hace falta" Schopenhauer.

En Occidente pensamos que la gran preocupación de casi todos los humanos es nuestra Salud. Nuestra salud Corporal, Nuestra salud Espiritual y Nuestras Finanzas. Nuestro Dinero. Podemos pensar en que el mundo está mal repartido, ya que el 80 % del dinero lo tenemos el 20 % de la población. No ocurre lo mismo con la felicidad. Posiblemente en esto, esté invertido el sentido. Y aquí está la gran contradicción.

Se ha preguntado alguna vez usted, ¿por qué, el Brasileño es tan feliz?

Salvador de Bahía es una de las ciudades más encantadoras y agradables de las que he visitado. Además tiene dos recuerdos imborrables para mí.

Casi me ahogo en una de sus playas y es el lugar dónde aprendí a bailar una especie de samba. En el Peluriño la parte vieja de Salvador, entre "feijoada", "galetos y Picanha", platos típicos de Brasil, - se me está poniendo la boca llena de agua al recordarlo- y la samba, aprendí a comprender y querer, a uno de los pueblos más libres del mundo. Los "ballanos" son un pueblo encantador y no sufren de agobios ni de estrés.

Allí la palabra estrés no existe. La gente no tiene nada que ver con la de Río y eso que cuando me preguntaban que de donde era, yo muy orgulloso contestaba: "Do Rio." Al decirles que venía de España, sus ojos brillaban y rápidamente me agarraban del brazo y me decían poniendo cara de niños:

"O Deportivo. Lo más grande".

Siempre me decían: Yo tengo un primo que juega muy bien al fútbol. Venga, vamos a verle jugar. Además, es muy barato para ustedes. Al aclararles que yo no buscaba futbolistas y decirles que vivía en Madrid, me abrazaban y decían: O Real Madrid. Luego Barcelona, Atlético de Madrid, Valencia etc.

Por entonces un futbolista de Bahía, llamado Bebeto había fichado por el Deportivo de la Coruña y casi toda la gente de Bahía, cría que España era el paraíso terrenal. Yo miraba a las "garotas" locales tomar el sol en la playa y no pensaba lo mismo. Por unos segundos, le he hecho reír e imaginarse el mar, las playas, las vacaciones, los buenos momentos, la buena comida y las ganas de vivir. VIVA que son dos días.

Pero volvamos al estrés y sus consecuencias. Muchas veces pensamos en como incrementar nuestros ingresos. Ganar un poco más a través de la lotería, las quinielas, los ciegos, la Bonoloto, la loto, en Cuponazo, pero ...

¿Intentamos tomar conciencia de nuestro verdadero problema?

Nuestro Gasto.

rico es aquel que ingresa más de lo que gasta. Aquel que tiene muchísimo dinero o aquel que no lo necesita.

"Solo aquellos que nada esperan del azar son dueños de su destino". Arnold.

Cuando le pregunto a la gente que por qué no lo hacen a través de su trabajo, me suelen contestar:

-Eso es más difícil.
-Y ¿por qué es más difícil?
-Porque nadie se hace rico trabajando.

Esto es uno de los mayores errores asumidos por la mayoría de la población. Será difícil que te hagas rico si tienes un trabajo donde no arriesgas nada. Donde pasa lo que pase no te va a pasar nada. Aunque de esto poco queda ya...

Sí montas tu propia empresa, resultará mucho más fácil que te hagas rico. O que pierdas tu dinero. Aquí está el riesgo y una posible explicación del porqué existen tan pocos empresarios. Nuestra salud financiera al igual que nuestro corazón depende de la presión a la que están sometidos. Muchas personas piensan que cuando ganen más dinero vivirán mejor y este es otro de los grandes errores que cometemos. Cuanto más dinero se tiene más dinero se querrá y aquí está la gran confusión. Durante años lo viví en mi propia experiencia.

Aquel que de verdad controla sus gastos, no sufrirá tanta presión financiera. Será feliz y disfrutará mucho más que aquel cuyo objetivo es el gasto por el gasto y no controla su presión financiera. Aquel que no sea capaz de controlar sus finanzas, sus finanzas le controlarán.

¿Cómo poder quitarnos el estrés?

Enfrentándonos a él y haciéndole picadillo.

Al enemigo, ni agua y que mejor forma de hacerlo que combatiéndolo desde la raíz. Analicemos las causas reales que nos lo produce y actuemos en consecuencia. Hagamos una sencilla lista de todas las preocupaciones que tenemos y pongámosle fecha de realización. Al verlas escritas nos resultará mucho más fácil hacerles frente y eso nos dará tranquilidad.

El estrés actualmente es la moda más tonta que el occidental se ha fabricado. Por tanto hagámosle frente, con calma y mesura. Disfrutemos de cada momento de la vida y si le gusta la música, pongamos un poco de ritmo a nuestra vida, en lugar de escuchar lo malo que nos dicen los demás, amén de las últimas noticias sobre catástrofes que nos entran por un oído y nos salen por el otro. Sonriamos y démosle un fuerte abrazo a la primera persona amiga que nos encontremos. Mirémosla a los ojos y sonriendo le diremos:

¡Cuánto me alegro de volver a verte!

Hagámoslo sinceramente de corazón y le puedo asegurar, ya que lo hago unas 20 o quizá 50 veces todos los días que trabajo. Depende de la cantidad de gente que veo.

Un gran amigo mío llamado Fernando, marido de Paloma, hermano de Sonia y cuñado de Carlos, es una persona muy querida, por todos aquellos que tenemos el placer de conocerle y la suerte de tratarle.

Fernando me contó su historia de amor, para otro libro de ésta misma colección y que trata sobre ese tema y el cómo ser feliz con su pareja. Me dio una gran clave. Sea sencillo y abierto con todos, sin por ello ser tonto.

Anotemos la sencillez, como arma contra el estrés. Otra de las más importantes es la alegría de vivir. Escribe y no sin razón el Filósofo Francés Jean Baun:

"Los pensamientos de la misma naturaleza se atraen y conducen, por resonancia, a una amplificación de la energía mental. Los pensamientos de naturaleza contraria se repelen y dan lugar a una pérdida de energía. Las ideas consistentes, los sentimientos potentes y las emociones nobles hacen que actuemos con eficacia y nos conducen al éxito".

Las ideas deprimentes debilitan, por lo que han de ser reemplazadas por ideas de salud, triunfo, confianza, optimismo, valor, altruismo, tolerancia, bondad. El que se rodea así de un halo de malos pensamientos se forja un caparazón aislador y provoca por instintos la repulsión. A la inversa, cualquiera que abre su conciencia a las corrientes de buenos pensamientos se hace simpático y encuentra ayudas útiles".

Tú decides estar viviendo con estrés o plácidamente.

Otro de mis mejores amigos, Javier B., vive en las afueras de Madrid y en lugar de perder, una buena parte de su precioso tiempo, en los atascos de la carretera de La Coruña, se coge el tren o el autobús, al venir a Madrid a trabajar. Su cuerpo no tiene que soportar el terrible sufrimiento que se produce en nuestro cuerpo, cuando tenemos prisa, estamos en un atasco y conducimos por el carril de los tontos.

Para sentirse joven, en lugar de ligarse, o mejor dicho, intentar conquistar a chicas de veinte años, para divertirse, se reúne con algunos amigos y han formado una orquesta. Su mujer, es sin dudad una de sus mejores admiradoras. Ya tenemos varias y poderosas razones en contra del estrés. Las siguientes, le pido querido lector, que sea usted el que las busque, pero sobre todo, que las haga partícipe de su vida diaria.

Cuando la discriminación nos produce estrés.

¿Cómo a través de mi nuevo trabajo, pude pasar de ser una persona con mucho estrés, a ser una persona que conserva la calma y emana paz y tranquilidad?

Recuerdo una anécdota que me ocurrió en Panamá, mientras estaba con Don Camilo Ortega, Cacique General del Pueblo Ngobé-Buglé.

Don Camilo para mí, además de ser el líder espiritual y político del que yo le llamo "Mi Pueblo" Ngobé-Buglé, es una de las personas más inteligentes y comprensivas que he conocido. Habíamos tenido una reunión muy productiva, durante toda la mañana en la Defensoría del Pueblo de la República de Panamá y junto con Funcionarios de la Defensoría, habíamos reservado una mesa para comer, en un buen restaurante de comida típica panameña de la Capital.

Al llegar al establecimiento nos salió a recibir el Metre, pero al darse cuenta que Don Camilo y su comitiva eran indígenas y que presumían de serlo, le dijo algo al oído, al que supuse sería su ayudante. Aquello no me hizo gracia, máxime cuando estábamos a medio día a pleno sol, en mitad del Trópico y teníamos que aguardar, a que nos acondicionaran una mesa. El Metre desapareció de pronto y vino a buscarnos un camarero que nos llevó por una puerta lateral. No lo hizo por la puerta principal y nos condujo a un cuarto reservado sin ventanas, donde casi no podíamos respirar.

Nunca me había sentido tan discriminado como en aquel momento y mi reacción fue la típica de un Directivo como el que yo había sido años atrás. Don Camilo al verme, me agarró del brazo y me dijo en voz baja: vayamos a otro sitio que yo conozco y allí nos tratarán como a seres humanos y no como lo hacen aquí, ya que nosotros no somos pordioseros.

Pocas veces desde que había dejado mi antigua profesión, me había sentido con ganas de gritarle a alguien y después de decirle a Don Camilo Ortega, que al día siguiente iríamos a su Restaurante, salí en busca del Metre.

Le encontré en la cocina medio escondido. Le agarré del hombro al estilo Rambo y con una mirada de asesino, le dije poniendo cara de orangután espalda plateada, muy enfadado, que tenía dos minutos para darnos la mejor mesa del Restaurante o en su caso, me encargaría que los buitres cenasen sus carnes esa noche.

Mi mirada de Nagual, le debió de hacer efecto, ya que a los pocos minutos nos encontrábamos comiendo como personas normales. Don Camilo me explicó, que él en esos casos de discriminación, ya ni se inmutaba, cuando se siente discriminado por seguir siendo indio y también me dijo:

- Mire Horna, usted ha debido de ser terrible en su pasado. Ahora está en proceso de limpiar su alma y por eso es que usted nos ayuda a nosotros a salir adelante. He visto como su aura cambiaba y se hacía muy agresivo y usted ya no es un ser violento. No permita que nada ni nadie, vuelva a incomodar su tranquilidad.

Don Camilo tenía razón y después de aquello aprendí a reabsorber una parte de mi orgullo y pese a todo, seguí sonriendo y luchando por construir un futuro mejor para mí, para mi familia y para todos aquellos seres humanos, que nunca tendrán la oportunidad de conocer otros países, otras culturas y por ende, percibir distintas formas de entender la vida.

"Cuando una persona desea algo tan imperiosamente que está dispuesto a apostar todo su futuro a una sola carta para conseguirlo, tiene asegurado el triunfo" Thomas Alba Edison.

El control del estrés, a través de nuestras debilidades y defectos.

Sabio no es aquella persona que sabe mucho. Sabio es aquel, que pese a todo, sabe disfrutar de la vida. Todos los seres humanos tienen defectos, pero una de las grandes diferencias que nos distinguen, es la manera en que los enfocamos y hacemos frente.

El compositor italiano Verdi, reconocía que él era uno de los seres humanos que más defectos tenía y además advertía: Un joven y tal vez un hombre sin errores, me es muy sospechoso; el que no es capaz de tener defectos no es tampoco capaz de poseer humanamente grandes virtudes.

Si justificas tus debilidades, vivirás siempre esclavo de ellas.

Decía Martín Fierro: "aquel que defectos tenga, disimule los ajenos".

Nadie mejor que nosotros mismos, conoce nuestras debilidades más escondidas y muchas veces nos atormentamos pensando en el momento en que los demás los descubran. Probablemente en el caso de que las lleguen a pillar, lo harán porque previamente nosotros mismos se lo habremos advertido, consciente o inconscientemente.

Pero, yo que conozco mis defectos, ¿soporto los de los demás?

Nos resultará siempre más fácil conocer los defectos de los demás, que el explorar los nuestros, ya que muchas veces disfrutamos muchísimo criticando los de los demás.

"No nos hacemos mejores cuando ocultamos nuestros defectos,; antes bien, nuestro valor moral aumenta con la sinceridad con que nos confesamos". Lichtenberg.

No me relaciono con mis compañeros y eso me produce estrés-

¿Qué ocurre si desde que nacemos nos sentimos rechazados por los compañeros?

En cierta ocasión conocí a una chica de 16 años que tenía una mancha roja de nacimiento en la cara. Tenía su cara desfigurada. La volví a ver 20 años después ya con el rostro recuperado. Raquel me recordaba cómo había sido su vida en aquellos años:

"En la penumbra de una discoteca podía ocultar mi fealdad, mis gafas me tapaban parte de la cara; pasaba por desapercibida."

¿Cómo podía ser que aquella chica que había conocido años atrás, que se sentía el ser más abominable de este mundo, que se sentía gorda, fea, asquerosa y repugnante, se hubiese convertido en una mujer tan radiante, tan bella y sobre todo: ¡tan viva!?

Alguien que sabe mucho, sobre lo que supone vivir dignamente en una silla de ruedas y sin apenas poder moverse dijo y me refiero a Stephen Hawking:

"Es muy importante que los niños impedidos sean ayudados a mezclarse con otros niños de su misma edad. Esto determina su auto imagen" ¿Cómo puede uno sentirse miembro de la raza humana si se es colocado aparte desde una edad temprana? Es una forma de Apartheid".

¿Cómo pude convertirme en una persona normal?

Raquel me contó sus sucesivas operaciones, cómo poco a poco sentía que por primera vez era normal, que por primera vez la gente no le quitaba la mirada de encima. Incluso cuando adelgazó y los piropos que le decían. Quiso convertirse en modelo y si no es por su novio(actual marido) no solo hubiese pasado modelos...

De pronto Raquel me miró a los ojos y me dijo: Ahora tengo tres hijos, una carrera y un marido que aunque le aguanto poco, nos queremos. Cuando tú me conociste, te acordarás que tenía buen tipo.

Pues después engordé y me puse como una foca ya que no aguantaba que por detrás me dijeran piropos los chicos y cuando me veían la cara, corrían gritando.

También me dio por la bebida y si no es por mis padres hubiese muerto. Me miraba al espejo y me daba asco de mi misma. Después de las sucesivas operaciones, mi cara fue cambiando y también mi aspecto. Empecé a confiar en mí misma y todo cambió. Luego conocí a mi actual marido y mi pasado tan solo ahora es un recuerdo.

Cuando los demás niños me llamaban fea, mi cara se hacía más fea.

Mira, cuando eres niña y vas al colegio y tú solo tienes cuatro años y todas tus compañeras jugaban a pegarle al monstruo y tú eres el monstruo, tú te haces una máscara y te vas apartando de las personas. Yo no sabía lo que me pasaba, yo me veía normal delante del espejo, pero cada vez que me decían fea, mi cara se hacía más fea. Tuve que dejar de ir al colegio y a mis hermanas las obligaban a que saliesen conmigo.

No tenía amigas y mucho menos amigos. Al ir creciendo me decían mis padres que me operarían al cumplir los 20 años y que sería otra persona. Intenté matarme en algunas ocasiones, al colegio no quería ir y recuerdo que me hicieron un peinado que me cubría por entero la cara.

Lo que quiero querido lector, es que se dé cuenta de que cuando veamos a personas con la cara deforme, con la cara quemada, en una silla de ruedas, no las compadezcamos, tratémosles como semejantes, de igual a igual y podamos hablar con ellos de cualquier tema, y si hablamos de su problema, lo hagamos como algo natural.

Estas personas buscan ser queridas, como yo, como usted, y necesitan no la compasión, necesitan el apoyo. Piense en cuando tenía 15 años y sus amigos o amigas se echaban novio y a usted le costaba debido a la timidez.

Imagínese que usted hubiese estado en ese estado de Monstruosidad y que todos le daban la espalda. Pensemos en ello por un momento y que la experiencia de Raquel nos sirva para ser mas humanos, un poco mejores y sobre todo, aprovechemos que somos personas que tenemos problemas y que debemos resolverlos, poniéndonos en acción.

De nada nos vale tener dos pies, poder trasladarnos, si luego no vamos a ninguna parte. El concepto que tenemos de nosotros mismos es lo que configura nuestra personalidad.

Si nos consideramos seres inferiores, tenemos dos maneras distintas de reaccionar: En la primera actuaremos como inferiores y seremos inferiores. O bien, trataremos de compensar esa inferioridad, actuando de una manera soberbia, engreída y superficial. Convertimos un complejo de inferioridad en un complejo de superioridad. Raquel había vinculado, como muchas otras personas, su éxito con la aceptación de los demás. En el momento que se metió en sí misma, se analizó, se comprometió y decidió cambiar.

"No sirve de nada quejarse sobre la actitud del público hacia los minusválidos. Corresponde a la gente impedida cambiar la conciencia de la gente de la misma forma que los negros y las mujeres han cambiado las percepciones del público".
S.Hawking

Realmente ¿Es el trabajo que yo quería hacer cuando me puse a estudiar?

En muchas ocasiones ocurre, que las personas estudian una determinada carrera, para desarrollar su actividad profesional y sin embargo, en muchas ocasiones, terminan dedicándose a otro tipo de actividades que en un principio no tenían previsto. Por tanto, uno debe de estudiar aquello que le guste y seguro que después encontrará un trabajo acorde. Aquella persona que estudie, solo por las salidas que tengan la carrera, probablemente sea una desgraciada.

Relato de Esmeralda. Estudió letras y acabó en Tecnología de la Información.

Esmeralda, 38 años soltera. Directora General de una empresa de Tecnología. Estudió Historia con la especialidad de Arte.

¿Qué tiene que sacrificar una mujer para llegar a tener éxito profesional?

Ha habido muchas etapas en las que el 95% de mi tiempo giraba en torno a mi trabajo, por lo que he sacrificado relaciones personales; sin embargo, he conocido mucha gente interesante en el ámbito profesional que me ha enriquecido enormemente, así como experiencias que me servirán para el resto de la vida.

En cuanto el no haber tenido hijos, rectifico lo dicho, pero si hubiese encontrado a alguien, los hubiera tenido pero probablemente en una situación diferente a una ama de casa. Yo creo que sí tú eres mujer y tienes hijos es más complicado tener éxito, que lo que le supone a un hombre en las mismas condiciones, pero esperemos que esto cambie.

¿Quién lo tiene más fácil? ¿Hombre o mujer?

Tú como mujer, ¿Qué diferencia destacas entre el éxito del hombre y de la mujer? ¿Cuál de los dos lo tiene más fácil?

Para el hombre resulta mil veces más fácil. Mucha gente se pensaba que mi éxito se debía a que yo me tiraba a todos los hombres de mi empresa. Pero bueno depende, también hay mucha aceptación, ahora se admite mucho más el éxito de una mujer, que antes. Tampoco he tenido muchos problemas con eso, pero siempre existen envidias de personas que solo ven lo que quieren ver.

¿Qué significa para ti, estar a gusto con tu trabajo, sin padecer de estrés?

Para mí implica tener éxito en aquello que hago. El éxito es supongo, que como para todo el mundo, ser feliz, tener una estabilidad en todos los sentidos, que nunca es continua, sino que son momentos de felicidad, ya que la felicidad permanente no existe. Por ejemplo, encontrar el amor, es uno de mis éxitos pendientes. Eso no lo he conseguido todavía. Como tampoco el tener una familia. Pero si tengo que dejar mi trabajo por una familia, lo dejaría.

Y, ¿cuándo tú eras más joven?

Cuando era más joven, el éxito lo basas mucho más en alcanzar una meta profesional; ahora mi éxito está basado en algo más personal, sentirme bien conmigo misma. El éxito es rebasar una meta o un reto que tienes por delante y alcanzarlo. El tener éxito es por ejemplo, cuando he conseguido una venta importante. Tener éxito, no es mantener una posición de Directora, ya que puedo conseguir un buen puesto y sentirme fracasada. Por ejemplo tuve éxito cuando me sentí por primera vez independiente, cuando me di cuenta que podía depender solo de mi misma.

¿Cómo puedes ser feliz trabajando, liberándote del estrés?

Cuando tú eres capaz de encontrar un punto donde te encuentres bien contigo mismo y sabiendo lo que quieres en la vida. El estrés desaparecerá por completo. Mejor aún, no tendrá cabida. No es cuestión de que tengas que tener un buen trabajo, sino que tú interiormente te encuentres bien y tengas claro en la vida, que es lo que quieres y que es lo que no quieres.

Los amigos y la familia son muy importantes en mi vida, que te quieran de verdad. Lo mejor es saber que eres una buena persona.

¿Qué cambiaría de su vida una mujer triunfadora en el trabajo?

Tener una familia, que no tengo. Y lo peor de todo, es que no estoy en vías de tenerla. No porque no he encontrado mi Media Naranja. Intento ser bastante abierta cuando conozco a la gente, no encerrarme, poniéndome un caparazón, hasta el punto de pasarlo mal, por abrirme demasiado.

A un hombre le pido, que esté enamorado de mí, que se vuelva loco por mí y que sea fiel. La fidelidad y la honestidad. Es importante que me dé estabilidad (emocional) y que tenga sentido del humor.

¿Crees de verdad que lo vas a lograr?

Sé que voy a lograr tener una pareja y una familia. Por supuesto que si lo lograré. Creo que tengo aptitudes suficientes como para hacerlo. Cuando encuentre a un hombre inteligente, que se de cuenta de lo que yo valgo, de cómo soy de verdad, yo a ese hombre le daría todo.

Por supuesto en mi vida hay otras parcelas, que son mis amigos, mi familia y mi trabajo, pero todo iría en coordinación con él. El amor es complicidad, admiración, atracción, sensualidad y el tener mucha compenetración fundamentalmente.

Es un peaje

El carácter del hombre es lo que determina su destino.

Nuestro destino viene determinado más bien por las decisiones que tomamos y las acciones que emprendemos cada día, que por las circunstancias que nos rodean. La dirección que el destino siga, será aquella que previamente le indiquemos.

En nuestra vida, igual que al conducir, en algunos momentos nos encontraremos atrapados, inmóviles; éstos son como los atascos en las ciudades o en las carreteras; con la carretera cortada (desvíos), la autoridad nos indicará el camino a seguir, pero en muchos momentos deberemos ser nosotros los qué decidamos que atajo tomar.

Con el semáforo cerrado, deberemos detenernos y pensar; cuando sufrimos pinchazos (cambios inesperados e inoportunos) deberemos cambiar la rueda(cambio de actitud). Cuando se nos para el motor (enfermedades) debemos ir al mecánico(médico) y posiblemente estaremos fuera de juego durante algún tiempo.

Cuando actuamos incorrectamente y aparcamos en segunda fila, el coche se lo llevará la grúa. Y al final, cuando no nos gusta nuestro coche o está viejo, lo podemos cambiar.

Y, ¿por qué cuando nuestra vida no nos gusta, no empezamos otra? No es tan fácil, usted me podrá decir. Claro que no es fácil, pero depende de cómo usted se plantee la vida, así ¡vivirá!.

Mi padre desde muy pequeño me decía:

Si usted ha sido aplastado, manipulado, humillado o lo que sea, y continúa confiando en usted mismo, está en el camino del éxito. El que pierde la confianza en sí mismo, lo pierde todo, y el que la conserva pese a todo, tendrá una vida plena.

¿Tenemos las oportunidades contadas?

Hace muchos años, fui al cine y vi una película que se llamaba "Como agua para el chocolate". Hubo una escena que me impacto mucho y se me quedó grabada. Era casi al final de la película, cuando un hombre maduro, sacaba una caja de cerillas y le explicaba a una chica, - que sentía que lo había perdido todo- que la vida era como una caja de cerillas, donde cada fósforo era una oportunidad.

Uno podía encender una cerilla, cada vez que lo necesitase. No encender nunca una cerilla, encenderlas todas de golpe, lo cual resultaba muy bonito, pero luego te quedabas sin ellas. La enseñanza que yo saqué de aquello, fue que existen todas las cajas de cerillas, que seamos capaces de encender.

La parábola de los Talentos.

Es sin duda - junto a la del Hijo Pródigo -, una de mis favoritas. En ella se nos estimula a los humanos, a que desarrollemos nuestras capacidades innatas. Ahora es el mejor momento para que lo hagamos. Fomentemos esas capacidades que tenemos dormidas y vivamos libres de penalidades, llenos de alegría, mirando de frente nuestro futuro. Mi filósofo favorito Ralph Waldo Emerson dice al respecto:

"Un Individuo es una especie de cercado, tiempo y espacio. Libertad y necesidad, verdad y pensamiento, no son ilimitadas ya. Ahora, el universo es un recinto o un corral. Todo lo que hay en el hombre está teñido del tono de su alma. Con la cualidad que hay en él infunde a todo lo que puede alcanzar, anima todo lo que puede y solo ve lo que anima".

¿Para qué les sirve a algunas personas el poder decidir, el poder pensar, el poder escoger, si luego no ejercen ese poder?

En nuestras vidas pasamos por distintos momentos. Momentos en que pensamos que todo está en nuestra contra. El amor, el trabajo, la salud, los amigos, hasta nuestro perro nos mira mal y pensamos que nada vale la pena, que somos así por las circunstancias que nos rodean.

Soy bajo, alto, feo, guapo pero no me lo creo. Soy negro, amarillo, mi celulitis me mata, no tengo tetas, tengo tetas muy grandes, mi "cosa" es muy pequeña. Mis padres se divorciaron. Mi pareja me dejó. Nunca consigo lo que quiero. Ninguno de nosotros nació sabiendo.

Todas las personas pasamos por distintas etapas y todos nos hemos sentido inseguros en un momento de nuestra vida, pero he aprendido que el saber disfrutar de la vida es independiente de lo que nos ocurra.

Puedes estar en las peores condiciones, pero si conservas tu confianza en ti mismo, podrás salir adelante, ya que lo importante no es lo que te ocurre, lo importante es lo que tú haces con lo que te ocurre.

Capítulo IX

¿Cómo poder tener éxito en la vida?

¿Qué es el éxito?

Cada persona por sí sola, deberá poder contestar a ésta pregunta. Para mí, el éxito es vivir en paz y en armonía con mi hija. Saber que tengo a una familia que está ahí, para todo. El que tengo unos amigos de verdad. El saber, que algún día podré encontrar a una mujer con la cual podré compartir los momentos más sencillos de la vida. Poder viajar por todo el mundo sin necesidad de llevar dinero.

El desarrollar una actividad que me gusta, que domino y me proporciona muchas más alegrías que tristezas. Diría aún más: Infinitas alegrías y pocas tristezas.

En controlar mis gastos, sin privarme de contemplar un buen atardecer o un maravilloso amanecer. El oír casi siempre mí música favorita.

Mantener una buena salud, sintiéndome joven. El tener ilusión por todo lo que hago.

Aprender un poco todos los días, vivir a tope cada momento de mi vida, viajar cuando puedo y pronto podré otra vez hacerlo.

El luchar por la igualdad de oportunidades de todos los seres humanos. Enfrentarme todos los días conmigo mismo y superarme.

El comprender que mi pasado me sirve de experiencia y de trampolín. Poder reírme de mí mismo y de mis defectos.

Pero lo mejor que sé hacer, es descubrir lo mejor que lleva dentro, la persona a la que le hablo.

Y también, poder contestar a la siguiente pregunta:

¿Estamos solos en el Universo?

"Yo tuve una experiencia que no puedo probarlo, ni tan siquiera puedo explicarlo. Pero todo lo que yo sé, como ser humano, todo lo que yo soy, me dice que fue real. Recibí un don maravilloso, algo que me cambió para siempre la visión del Universo; que nos dice sin la menor duda, lo diminutos e insignificantes y lo raros y preciosos que somos. Una visión que nos dice que pertenecemos a algo más grande que nosotros mismos, que no estamos solos, que ninguno de nosotros lo está. Ojalá yo pudiera compartirlo, ojalá todos pudieran aunque solo fuera por un momento sentir ese estremecimiento, esa humildad, esa esperanza". De la película Contact

¿Cómo percibe el éxito un hombre?

Retrato de Carlos. Un hombre con éxito familiar, laboral y amoroso. Carlos hombre casado con dos hijos, que sabe vivir bien sin agobios y disfrutando de todo lo que le gusta en la vida. Ha encontrado su Media Naranja, desde que eran muy niños y desde entonces están unidos, pese a que durante un tiempo vivieron en lugares distintos.

El éxito es resulta muy difícil de alcanzar, ya que el éxito es una mezcla de suerte, de trabajo y de conocimiento. Pero como todo en la vida. Lo más difícil es mantenerlo, ya que el éxito también implica un estado personal tranquilo.

¿Cómo influye el tener dinero en el éxito?

Un 90 %, pero para mí el éxito sería tener dinero, como para poder irme al campo a cuidar vacas. Allí criar a mis hijos y que mi mujer pudiese dedicarse a las cosas que le gusta. Hasta ahora mi éxito se basa en mi mujer, mis hijos, mis amigos, mi trabajo, pero en este punto precisamente es en el que aspiro a más.

Lo que realmente busco es mi estado de paz. Quiero tener dinero, para poder comprar lo que me dé la gana y cuando me dé la gana y para poder viajar, haciendo por lo menos un viaje grande al año.

¿Conoces a mucha gente que tenga éxito?

No. Lo que conozco es a mucha gente que cree que tiene éxito. Lo manifiestan ostentosamente, con coches, casas, relojes, mujeres. Pero mira. Puedes tener muchas casas, muchos coches, pero solo puedes utilizar uno a la vez y de que te vale tener muchos, si cuando te mueras no te los podrás llevar contigo. Mírame a mí.

Nadie sabe si de verdad tengo dinero; mi coche me resulta útil, pero me importa mucho más darle una educación buena a mis hijos, que cambiarle cada dos años. Yo he tenido la suerte de saber para qué vale el dinero. Desde pequeño en mi casa lo hubo, pero me enseñaron que lo importante era lo pequeño y no el demostrar lo mucho que tienes.

Las personas que de verdad tienen dinero, ¿presumen de ello?

Tengo grandes amigos y muchos de ellos, si que tienen dinero pero lo ocultan. Presumen entre ellos y eso les vale.

Yo conozco a casi toda la gente que quiero conocer y nunca se me juzga por el dinero que llevo en el bolsillo.

Sé perfectamente los caprichos que me puedo permitir y no me salto ninguno a la torera. De adolescente aprendí que lo importante es la amistad y no el invitar a los demás a lo mejor siendo esto lo más caro, porque lo mejor, es lo que tú das sinceramente. Eso tiene más valor que cualquier otra cosa.

El éxito visto por una mujer.

¿Haz tenido éxito a lo largo de tu vida?

No me considero desafortunada, ya que si de verdad yo quisiera llegar a un éxito profesional, estudiaría más, intentaría forjarme más mi porvenir y no saldría tanto, ni estaría metida entre tanto cachondeo.

Algunas veces, me siento como una nube, que sigue el impulso del viento y que es incapaz de dirigir su vida por mi misma. Yo tengo éxito con los chicos, sin embargo, me gustaría más poder llegar a una persona, que me llene más por dentro, que por el exterior. En cuestión de mi familia, si que tengo éxito, bueno es lo que creo.

¿Qué es lo que de verdad supone tener éxito?

Para mí el tener éxito, es llegar la meta que tú te propones, tanto profesional, en el amor, o con la meta de tu vida. Siempre estás intentando llegar a él. Yo no creo en el éxito completo, ya que puedes tener éxito profesional, pero no en el amor, pero puedes tenerlo también en otros ámbitos.

Al fin y al cabo el éxito supone encontrarte a gusto contigo mismo, en todos los sentidos, el dormir tranquilo, el tener la conciencia tranquila todos los días.

La gente ¿Cómo demuestra su éxito?

Lo demuestra de diferentes maneras, un poco quizá con la ostentación, por eso ellos creen que consiguen el éxito.

El éxito solo se demuestra siendo tú mismo y no lo que los demás quieran que sea, ya que el éxito para los demás es tener lo que tú tienes y a ellos les falta. Por ejemplo, imagínate a un hombre que se siente lleno, que confía en sí mismo y que nunca hace ostentación de ningún bien superfluo, ya sea reloj, coches, casas.

Imagínate que siempre está rodeado de mujeres guapas, tontas, altas, gordas, flacas, que le dan besos, le escuchan, le muestran su cariño y también los otros hombres hacen lo mismo. Para los demás hombres que solo buscan cosas excepcionales, este personaje tiene éxito, porque tiene lo que los demás quisieran tener y no tienen.

Estoy segura de que si ese hombre pudiese conseguir lo que él de verdad quiere, cambiaría esa vida de lujuria aparente, por la de poder compartir las cosas pequeñas de la vida, con la mujer a la que ama y que probablemente, no sea correspondido. Las cosas pequeñas son las que a la postre, se convierten en excepcionales.

El éxito cuando eres emigrante.

Guillermo, Argentino de 32 años, que emigró a España.

El éxito creo que es aquello que te hace sentir una cosa en determinado momento y te hace ver la realidad desde otro punto de vista. El éxito puede ser en mi caso, pasar de ser camarero a terminar siendo metre.

Hay más clases de éxitos. Está el éxito económico, aquel que te permite tener poder, el poder es el éxito de un jefe. También existe otra clase de éxito. El éxito de unos, es el fracaso de otros. Por ejemplo, un asesino que mata a una persona y en su banda le ascienden. Esto para mí es lo más alejado del éxito.

¿Qué te hace falta para tener éxito?

Tranquilidad algunas veces. Paciencia otras. Para enfrentarse al éxito, cada uno debe de hacer lo que más le convenga, con voluntad y energía positiva.

¿Qué opinas de aquellos que solo viven para presumir de éxito?

Cuando llegan a su casa y cierran la puerta y se ven frente al espejo, se quedan con la imagen de la desolación, de la tristeza, ya que el éxito se les quedó atrapado detrás de la puerta. Los que viven para presumir del éxito no viven.

¿A qué aspiras en la vida?

A ser una persona plena y espero conseguirlo. Ahora quiero aprender otro idioma, otra cultura distinta a la mía.

¿Son necesarios los títulos Universitarios para tener éxito profesional?

Dependerá sobre todo del tipo de trabajo del que estemos hablando. Si una persona quiere ser Médico, Abogado, Arquitecto, Psicólogo, Dentista, o estudiar alguna profesión, que para poder ejercerla legalmente.

La persona necesita haber pasado previamente por una institución, probablemente Universitaria, que le acredite que sus estudios han sido terminados con éxito y que por lo tanto, se encuentra en disposición de prestar sus conocimientos a los que se los soliciten.

Sin embargo en otras actividades, por ejemplo la de empresario, para mí y por mi propia experiencia y basado en el estudio de muchas otras personas de todo el mundo, a las que he tratado, me he dado cuenta que ir a la Universidad a estudiar por ejemplo Empresariales, para luego montar una empresa, es un verdadero error, ya que no conozco a casi ningún empresario que antes de haber montado sus empresas, hubiese estudiado Empresariales.

Lo digo con conocimiento de causa, ya que me Licencié en Ciencias Económicas y Empresariales, hará unos cuantos años y he tratado con algunos de los grandes empresarios de este país, a los cuales les aplico el Coach.

La Universidad y llevo más de 35 años en ella, forma grandes técnicos, pero en muchas ocasiones, les limita en su creatividad.

Einstein decía al respecto: "En la Universidad a los alumnos se les enseñan fórmulas, pero no a pensar".

Y no hablemos de carreras como la de Actor, Escritor, Pintor, Escultor, Filósofo, Político, donde lo que verdaderamente importa, no es lo que has aprendido, sino lo que tú haces con lo que has aprendido. Uno puede ser todo aquello que quiera ser. Tan solo deberá primero decidir lo que de verdad quiere hacer con su vida.

Relato de Marta. Alguien que empezó desde abajo y sin haber estudiado ninguna carrera Universitaria, tiene cinco empresas de Alta Tecnología.

Conocía a Marta hará ya unos cuantos años, cuando los dos trabajábamos en temas relacionados con la Inteligencia Artificial. Desde siempre me pareció una persona con éxito, ya que nunca dejaba de sonreír y de tener una palabra cordial y de ánimos hacia los demás.

Recuerdo que la primera vez que la vi, me sorprendió vivamente, encontrarme con una persona tan entusiasta y brillante como aquella chica morena que por entonces contaba solo con 22 años.

Era de las pocas personas, - junto con mi amigo y compañero de mil batallas Miguel A -, que sin tener un título superior, ni ser Ingeniero de Telecomunicaciones o Físico especialista en Cálculo Automático, estuviese trabajando por aquellos tiempos en un mundo tan complejo, como era el de las comunicaciones entre sistemas de información.

Por entonces a finales de los ochenta, fuimos de los primeros europeos en utilizar Microordenadores conectados a través de teléfonos con Servidores, como lo que actualmente se realiza utilizando Internet.

Utilizábamos El Coordinador a través del MHS y nos conectábamos a CENESP por medio modems "Hayes Compatible" a una velocidad de 1,2 KB.

Lo que es increíble es que El Coordinador, le daba mil vueltas, a los correos electrónicos que se comercian actualmente, a la hora de coordinar, planificar, controlar y recordar las actividades cotidianas. Además, antes sí se me estropeaba el moden, yo mismo le cambiaba y no tenía que perder mi tiempo intentando que otros me resuelvan mi problema de comunicaciones.

Pero dejemos que sea Marta la que nos cuente su historia de cómo una chica sin Títulos Universitarios, es capaz de montar empresas y de sacar proyectos, que para otros profesionales, en teoría más preparados que ella, les resultarían imposibles.

¿Cómo una persona ha podido llegar a ser dueña de cinco empresas relacionadas con la Alta Tecnología, sin tener un Título Universitario?

Para montar una empresa, nadie te exige tener un título Universitario, pero sí que te hará falta saber con una claridad meridiana, aquello que quieres hacer.

Desde muy pequeña he sentido una profunda curiosidad por todo aquello que no podía entender y aunque nunca pude haberme imaginado que llegaría tan lejos en el mundo del Management, sabía que de mayor viajaría por todo el mundo y sería capaz de lograr la mayor parte de mis deseos.

No considero que tenga una sola profesión, ya que mi vida es un conjunto de circunstancias, eso sí, dirigidas todas por mis propias decisiones.

Esto es lo que me da realmente la armonía y la paz que necesito todos los días para seguir luchando. Me siento útil, que mi trabajo genera recursos, que sigo una línea marcada por mi misma, sin creer para nada en el destino. Tengo muchos amigos, pero sin embargo, me siento una verdadera fracasada en mis relaciones sentimentales.

Mi mayor deseo es el de encontrar un hombre, que yo le quiera y que él también lo haga sin condiciones. Pero ya tengo 35 años y siento como la vida se me escapa cuando pienso en el amor y en los hijos que quiero llegar a tener. Mi padre quería que yo hubiese estudiado Derecho y mi madre Diseño de Moda.

Mi madre quería que yo estudiara diseño de moda, pero yo lo que de verdad quería, era viajar y aprender idiomas. Mi padre es abogado y quería que yo estudiase Derecho, para así trabajar conmigo más adelante. Desde siempre he estado trabajando, porque me gusta hacerlo y eso siempre me ha resultado positivo, ya que odio aburrirme.

Tengo otros tres hermanos varones, pero yo nunca quise interpretar el papel de chica de la casa y les ponía a recoger la casa a todos. Menos a mi padre. A él siempre le atendí, ya que desde muy niña siempre estuvo a mi lado y es la persona que más ha influido en mi vida.

En mi casa, yo era el hombre más hombre de mis hermanos. Te parecerá raro, pero en casa nunca me trataron como a una chica y siendo la más débil físicamente, me convertí en un verdadero Capitán de Barco.

He trabajado siempre como una manera de ganarme mi libertad y por ende, mi independencia. Constantemente he estado trabajando.

Desde pequeña, siempre hacía cosas. Mi madre tenía una tienda de ropa y yo con catorce años, los veranos trabajaba allí, haciendo arreglos, vendiéndole vestidos a mis amigas y a las señoras del barrio, así que desde muy joven, aprendí a hacer de todo y a no tenerle miedo al trabajo.

Y, luego mi premio, aparte de mi sueldo como empleada de la tienda, era el ir con mi madre a Barcelona, a las Ferias de la moda. Años atrás, no existía la Pasarela Cibeles y no teníamos tantos Modistas famosos como ahora.

Fue una verdadera causalidad, como encontré mi trabajo. Lo de mi trabajo actual, fue de auténtica casualidad. Son de éstas cosas raras que te pasan en la vida, ya que nunca pude pensar cuando trabajaba en Madrid con mi madre en su tienda, que algún día podía acabar realizando, lo que estoy haciendo ahora.

Recuerdo que fue en el verano del 84. Tenía dieciocho años y había acabado el COU y ese año no me apetecía trabajar en la tienda con mi madre, así que con mis ahorros, me fui a Miami, donde tenía unos amigos españoles. Dio la casualidad de que todos estudiaban lo mismo y aunque yo en un principio quería meterme en el mundo de la moda, acabé estudiando informática.

Mi dominio del Inglés, por entonces no era bueno y también aproveche para mejorarlo. Yo había estudiado Francés y en este idioma, me he defendido desde muy pequeña. El problema era que yo no tenía visa de estudiante en USA y tampoco podía obtener la "Green Card", así que regresé a Madrid.

Después de explicarle a mis padres mis intenciones y de que ellos me ayudasen económicamente durante un tiempo y después de obtener el Toffel, requisito indispensable para estudiar en USA, acabé esta vez en California, en Irvine, a mitad de camino entre San Diego y los Ángeles.

Mi primera tarde sola fue todo un poema. Me sentía por primera vez en mi vida profundamente sola, sin tener cerca de mí a nadie de mi familia, que me pudiese echar una mano. Aquella tarde, cerca de unas caballerizas y con el mar de fondo, lloré como una Magdalena.

Me matriculé en unos cursos de diseño gráfico y sin una gran experiencia en ordenadores, - ya que solo sabía lo indispensable de Ofimática-, me vi de pronto diseñando delante de una "SUN" en un sistema HP 1000.

En lugar de diseño de moda, acabé proyectando botellas, productos de limpieza, herramientas, etc. Por un lado aquello, sin yo ser una Ingeniero, me gustaba muchísimo y aprendía CAD CAM como nadie.

¿Cómo poder hacer amigos lejos de casa?

Muy cerca de mi casa, había otro pueblo llamado Santa Ana, donde vivían infinidad de emigrantes mexicanos y allí por las tardes, cuando salía de mis estudios de diseño gráfico, les daba clase de Inglés a los hijos de los emigrantes.

Aquellas gentes, me admitieron de tal manera, que yo pasé a ser parte de sus familias y me hicieron "Pitching".

"El Pitching" es el lenguaje que hablan los Mexicanos en California y me aprendí de memoria casi todos los corridos de la Revolución Mexicana, además de todas las canciones de José Alfredo Jiménez, Lola Beltrán y alguna también de la Frontera.

Lejos de mi país, en un lugar donde no conocía a nadie, de pronto me sentía querida, admirada y protegida, por unas personas realmente maravillosas. Para mí, ellos como emigrantes, si que tenían el valor de haber dejado un país, unas costumbres y sobre todo un idioma e irse a otro país tan diferente al suyo.

Pero ya se sabe, que quien quiere algo, le cuesta y pienso que estas gentes, le aportaron a mí vida, un sentido de la vida diferente.

Yo en mi casa siempre había tenido todos los caprichos, pero nunca he disfrutado tanto, como con los niños a los que les daba clase, cuando íbamos los sábados a comer a una especie de "buffet" de pizzas y Colas.

El trabajo como una manera de crear y de expresarme.

Para mí el diseño gráfico se convirtió de buenas a primeras en una manera de expresar mis sentimientos. Cuando me encontraba a gusto conmigo mismo, era capaz de diseñar cualquier cosa y poco a poco, me fui introduciendo en la publicidad y en el diseño artístico.

Siempre me he considerado bastante tímida, pero delante de un ordenador me convertí en una verdadera "matadora", sin apenas importarme que hubiese gente a mí alrededor.

Yo estaba segura de lo que hacía y aquello me brindaba, además de mucha seguridad, la posibilidad de crear y de recrearme con los colores y las distintas formas que le podía dar a mis creaciones. Poco a poco el CAD CAM le fue dando paso el diseño artístico y mi inseguridad profesional desaparecía.

Identifica tu camino y síguelo

Cuando el amor se cruza en nuestro éxito.

El problema fue cuando me enamoré de un chico italiano de Florencia, - de dónde iba a ser, si no -, que tenía un barco de vela atracado en New Port Beach y él se enfadaba cuando pasaba alguno de mis días libres con mis cuates y no me iba a navegar con Champagne incluido, por la costa Californiana, que por cierto, estaba llena de Pelícanos.

Recuerdo que cuando salía a navegar con Pietro, mi novio el Florentino, en su maravilloso barco de vela, escuchábamos a Don McLean con su American Pie, a los Eagels, a Dire Strait, a Richard Coccianti, a Julio Iglesias también.

Pero no creo haber llorado tanto, como cuando Pietro en medio del mar me puso el "Viva España". Entonces me acordé de mis padres, de mi familia y estuve llorando durante horas. Pietro no entendía nada, pero por lo menos me dejaba llorar a gusto. El agua del mar, estaba cerca de la congelación, pero con unos buenos trajes de buceo, descubrí un mundo fascinante. Recuerdo con especial cariño un momento sobre todo, cuando navegaba rumbo a México, en Baja.

Allí en el Mar de Cortés, nos bañamos con las ballenas y pudimos observar a los Tiburones Martillo.

Creo que nunca podré hacer el amor tan apasionadamente como lo hice por aquellos días. Poca gente lo ha podido hacer, con el hombre al que crees, que compartirá contigo el resto de tu vida, rodeada por tiburones.

En San Diego había conocido a unos Argentinos que estudiaban en el Acuario y que eran expertos en las corrientes marinas. Con ellos y con mi novio, por las noches, en las fabulosas playas de Baja California, hacíamos lo más parecido a las "Queimadas" pero utilizando Tequila en lugar de Orujo.

Cuando estábamos solos, a Pietro le hablaba en italiano y él me constestaba en Castellano, pero cuando nos enfadábamos, discutíamos cada uno en nuestro idioma.

Puedo tener éxito profesional, familiar, pero ¿Por qué no puedo tener éxito en el amor?

Prieto se había ido a Japón a terminar sus estudios y cuando él regresó a Italia, me fui a verle sin decirle nada y cuando llamé a su puerta, me abrió su antigua novia. Allí en aquella puerta se terminó mi vida sentimental.

Pero todo lo bueno, o es pecado o engorda o se acaba y aquellos maravillosos días californianos se terminaron y tuve que regresar a Madrid. No me arrepiento de nada, tan solo sé que mi vida con Pietro no tiene futuro, pero me agarro a su recuerdo como un clavo ardiente.

Desde aquellos días hasta ahora, he crecido mucho interiormente, pero siento un vació profundo, cuando veo a una pareja que se quiere de verdad, darse un beso o ir agarrada de la mano y yo con 35 años me encuentro sola, sin poder compartir mi vida con un hombre de verdad.

Una tarde en Madrid fui a ver una película: "Don Juan de Marco" y lloré en silencio, tanto como cuando lo hice en los brazos de mi amado.

Ya yo no era su "Tofete" y por Dios, cuánto le he echado de menos, todavía. Sobre todo extraño, su ternura y lo segura que me sentía, cuando me rodeaba con sus brazos. Dormíamos abrazados viviendo cada momento a tope y hacíamos planes para el futuro, pero éramos las personas más felices que he conocido.

Yo he ido cambiando desde entonces y aunque sigo siendo una chica tímida, por fuera ya no lo soy. Me he ido superando, he ido creciendo y cogiendo confianza en mi misma, la confianza que antes no tenía. Mi visión del mundo ha cambiado y quitando a mis padres, creo que a nadie, además de a ti y para que lo publiques en un libro, le había contado, lo vivido en aquellos días, tan profundamente míos.

¿Cómo saber si de verdad estás en tu camino?

Creo que aquellos momentos fueron los mejores de mi vida. Yo era casi una cría, pero el saber, por mi trabajo y desarrollo personal, que me encontraba en mi camino, me daba una seguridad en mi misma, que posteriormente me ha acompañado por todo el mundo donde he estado.

Por aquellos días, iba a todas las exposiciones de Informática y recuerdo con mucho agrado las celebradas en Las Vegas. Allí conocí a mucha gente española, que me ofrecieron el oro y el moro, por que cuando regresase a España, trabajase con ellos.

Pero todo lo bueno, o es pecado o engorda o se acaba y aquellos maravillosos días californianos se terminaron y tuve que regresar a Madrid.

La importancia de la familia en el éxito personal

Ese mismo día, regresé a Madrid, con una profunda depresión y sin ganas de hacer absolutamente nada. Estuve sin rumbo fijo durante unos meses, hasta que mi padre me convenció y sin decirme nada, me hizo hacer las maletas.

Cogimos un avión con rumbo a New York y allí otro con destino San Luis y posteriormente Alburquerque en New México. Podrás imaginarte como lloraba al despedirme de mi madre en el aeropuerto, que cuando iba a pasar la aduana una mujer de la Policía me quiso llevar a una oficina para preguntarme lo que me pasaba, para estar en un estado de histeria y yo le decía que solo iría con mi padre.

Ella al ver a mi madre llorando desconsoladamente al otro lado y a mi padre sujetándome fuertemente del brazo, debió de pensar que yo tenía una enfermedad incurable, así que permitió que mi madre pasase la aduana y estuviese con nosotros hasta que subiésemos al avión.

Nada más llegar y después de dejar las maletas en el hotel, cogió ropa de abrigo, pero era algo contradictorio, ya que hacía mucho calor. Mi padre había contratado un "Globo Aerostático" y aquella tarde recorrimos una basta extensión del territorio de las montañas rocosas. Mi padre se quedó conmigo una semana, hasta que me convenció para que me quedase unos meses estudiando y ampliando mis conocimientos de diseño gráfico. Otra vez volvía a tener ilusión, pero a ningún hombre le hice el menor caso.

Volví a dar clases a niños mexicanos y colaboré con algunas asociaciones juveniles. No lo pasé tan bien como en Santa Ana, pero maduré enormemente. O salía adelante o me moría. En la mayor y más importante feria Americana de Informática, en Las Vegas, entré en contacto con varias empresas de Redes Informáticas. Tomé la representación de varios productos y con la ilusión de un nuevo proyecto, monté una mi primera empresa en España.

Cuando regresé otra vez a Madrid, mis padres no habían cambiado de coche y fue cuando me enteré que en lugar de cambiar de coche, con ese dinero me dieron la oportunidad de volver a recobrar mis ganas de vivir.

Mis padres me dijeron que ellos prefirieron gastarse el dinero de un nuevo coche en que yo pudiese salir adelante. Pero lo más importante fue que cuando mi padre volvió a Madrid, después de haberme dejado en Alburquerque, en lugar de separarse de mi madre, se unieron más y pudieron superar su incomunicación.

Años después, les compré una casa en el Mediterráneo y de eso es de las cosas que me siento más orgullosa.

Me introduje en las nuevas tecnologías, sin saber casi de ellas. Montar la empresa y empezar a crecer profesionalmente, fue todo uno. Por entonces Aenor, necesitaba gente experta en homologar sistemas y contrataron a mi empresa.

Además conseguí la mayor cuenta que por entonces había en España y se convirtió en mi mayor cliente y pude diversificar mi riesgo, trayendo productos distintos, pero similares.

No caí en el error de vender hardware, lo que me hubiese llevado a la ruina, sobre todo cuando salieron al mercado los clónicos.

También recuerdo que fue un verdadero acierto, introducirme en la Consultoría Informática y que la visión de futuro que aprendí en USA, la apliqué aquí en España. Ahora que ya han pasado varios años, tengo cinco empresas montadas y aunque parezca que trabajo mucho, algunas veces tengo tiempo hasta de aburrirme.

He viajado por todo el mundo e incluso fui a Japón y allí me hice representante de la empresa donde Prieto trabajaba. En un viaje suyo a Madrid le volví a ver y una noche cenamos juntos. Él quiso acostarse conmigo, pero comprendí que cuando un amor termina, es mejor echar las cenizas al mar.

Todavía no he vuelto a encontrar el amor. He salido con muchos chicos, sobre todo, mucho más jóvenes que yo, pero estoy segura que pronto encontraré al padre de mis hijos y entonces aunque continúe trabajando, yo me dedicaré a mis hijos y a mi marido.

Con mis padres mantengo una muy buena relación y me siento tanto su hija como su amiga. Mi padre dice que su mayor deseo es ser mi padrino el día de mi boda. Yo quiero casarme y tener hijos.

Lo otro ya en la vida lo he hecho, pero no puedo pasar por la vida sin ser madre. De nada me servirá todo lo que he hecho, sino puedo disfrutarlo con mi familia.

¿Qué motiva a la gente a la hora de tener éxito profesional?

Yo lo quería en un principio era demostrarle a mis hermanos que yo no era la peque. Ellos son más altos y guapos que yo. Quería demostrarles que una mujer utilizando sus conocimientos en lugar de sus pezones, es capaz de llegar tan lejos como se lo proponga. Aquí mi madre influyó mucho, ya que siendo en casa dos mujeres y cuatro hombres, era lógico pensar que nosotras asumiríamos todas las funciones de amas de casa pero como ella trabajaba y ganaba su dinero, a todos los hijos nos puso tareas similares.

Y, ¿Qué es lo que ahora más té motiva?

Desde que se terminó mi relación con mi único novio, hará ya no sé cuantos años, nunca he vuelto a pensar en un hombre como el padre de mis hijos.

Pero cuando trabajaba tantas horas y tan duro, solo pensaba en conseguir todo el dinero que pudiese para luego ser una perfecta madre de familia y también ama de casa, pero no mantenida por un hombre y así podría tratarle de tú a tú.

Y, ¿Por qué no has encontrado a un hombre que te motive?

Porque al final todos me tienen miedo. De verdad, no puedo entender lo que les pasa a los hombres conmigo. Siempre termino llevando los pantalones y ellos las faldas. Quiero a un hombre que me domine psíquicamente y no físicamente. Hace muchos años estudié Kárate y eso también me da mucha seguridad a la hora de enfrentarme con un hombre.

Como no encuentro a ningún hombre interesante, continúo estudiando y creando empresas. Y, ya que no tengo hijos, a cada una de mis empresas las trato como si de verdad fuesen mis hijos. Es el precio de mi frustración. Me gusta que la gente me admire y reconozca lo inteligente que soy.

A mis hermanos les ayudo en lo que puedo y estoy orgullosa de ser la peque, pero también después de mis padres, la que lleva la familia. Todos mis hermanos están casados, pero con mis cuñadas no me llevo demasiado bien.

Ellas dicen que soy una mandona y creo que en el fondo piensan que soy una bruja, sin escoba y con demasiados amantes, pero cada cual debe de avivar la leña del fuego de su hogar.

¿Te ha asustado alguna vez tener éxito?

La palabra éxito, ya no me asusta y máxime después de haber vivido y trabajado en USA. Desde hace muchos años estoy acostumbrada a que se me asocie con el éxito. Pero para mí, el éxito no me lo dan mis empresas o el dinero que pueda tener.

Tampoco me lo da mi coche, ni la ropa ni el reloj que llevo puesto. Tal vez los zapatos sí. Lo digo, porque los bolsos y los zapatos me encantan y en este aspecto es en el único en que soy una verdadera derrochadora.

Pero volvamos a tú pregunta. ¿Qué es para mí el éxito? Ser lo que soy, por mi misma. Haber podido lograr, lo que he conseguido con mi trabajo y esfuerzo. Mi familia, que mis padres estén tan unidos, pese a las continuas crisis que tuvieron que superar.

Que estoy llena de vida y con una ilusión tremenda. Mi salud es buena y eso me ha costado mucho esfuerzo.

Pero me falta algo: El tener mi propia familia. Un marido, unos hijos, un perro, una casa en el campo. Alguien a quien, cuidar, querer, amar.

No cambiaría nada de lo que he hecho, pero tal vez en algunos momentos, debí de haberme dejado llevar más por mi corazón, que por mi cabeza y sobre todo, de haberle dado la oportunidad, a aquel chico que me ayudó a superar a Pietro.

Estoy segura de que con él, podía haber sido feliz y de que él me hubiera aportado estabilidad, además que hubiese sido un gran padre para mis hijos. Pero al final, cuando le presioné demasiado, se convirtió en una carga demasiado pesada para mí.

¿Cuál ha sido de verdad el secreto de tu éxito?

El saber siempre lo que quería en cada momento. Conocerme un poco y sobre todo la ilusión por hacer las cosas correctas. Mi libertad, nunca la sacrificaría por nada. También haber tenido a una familia, que me apoyó en los momentos más difíciles.

El no esperar nada de la suerte, el trabajar todos los días con ilusión y el estudiar fuertemente, para hacerme fuerte en un mundo de hombres. Cada vez que pienso en lo que mis padres hicieron, para devolverme la ilusión, me dan ganas de llorar de felicidad. Recuerdo cuando mi padre dejó su trabajo durante unas semanas y me llevó de la mano otra vez a USA, para que yo siguiese trabajando.

Y a mi madre, que antes de subirme al avión, llorando me dijo: "Hija tú tienes lo que yo no tengo. El cariño de tú padre, pero en cuanto ese capullo regrese a España, sabrá lo que es de verdad ser querido. Vete tranquila, que yo le recuperaré para toda la familia. Es nuestro y de nadie más. Nadie nunca nos lo va a quitar" y al despedirse me dijo algo que llevaba años sin decirme: Te quiero hija mía.

Resulta difícil para muchas personas, el trabajar duro todos los días y no ver resultados; posiblemente trabajen en dirección equivocada. Si así te ocurre, cambia y ponte a trabajar en aquello en que tú realmente estés a gusto.

¿Cómo podemos vivir la vida disfrutando?

Asumiendo nuestro propio destino y haciendo día a día, minuto a minuto, que nuestra vida valga la pena. Recordemos al protagonista de la Película Titanic diciéndole a la chica:

“Haz que tu vida, valga la pena vivirla”

Dejemos de ser pesimistas, dejemos a un lado nuestras frustraciones y enfrentémonos al mundo con nuevos ánimos; con confianza y ganas de vivir. Sin olvidarnos de nuestros valores, de nuestros principios.

La importancia de nuestros valores vendrá dada por el compromiso que libremente asumamos con nosotros mismos para llevarlos a cabo a lo largo de nuestra vida. Aceptémonos como somos y cambiemos aquello que nos impide lograr nuestro objetivo, convirtiéndonos en personas realizadas.

¿Saben lo que significa lo que nos queda de vida?

El resto del tiempo en el que la pasaremos. Pues entonces, vivamos hoy el resto de nuestra vida. Dejemos que el pasado tan solo nos sirva de experiencia. Dejemos de refugiarnos en él; y antes de pensar en el futuro, "Vivamos el hoy". .

Si justificas tus limitaciones, vivirás con ellas

Tú eres el resultado de todas las decisiones que has tomado. Si eres libre - estoy seguro de que tú lo eres -, puedes tomar cualquier decisión que te permita lograr tus objetivos.

Todo lo que quieras en esta vida lo podrás conseguir pero de nada te valdrá, si no tienes paz de espíritu. Esa paz de espíritu solo podrás encontrarla dentro de ti y seguro que te está esperando.

¿Por qué me pasa lo que me pasa?

Debido a que muchas veces en el fondo, todos somos un poco falsos, nos preocupamos por quedar bien. Nos complicamos la vida porque queremos disimular lo que no somos.

Lo hacemos tantas veces que después no podemos empezar lo que de verdad queremos y así se nos va escapando la existencia, poco a poco, día a día, sin darnos apenas cuenta de lo que realmente nos ocurre. Para ello, hay que resistir el dolor y acercarse a explorar lo que ha ocurrido para aprender lo que hay que hacer y cómo debemos lograrlo. Error, acierto.

El error tiene mucho que enseñarnos si dejamos que lo haga.

Algunas personas nunca alcanzarán el éxito profesional, porque se niegan sistemáticamente a hacer cualquier cosa, que no se ajuste a su idea, de lo que debe de ser su trabajo. Probablemente lo que les ocurre, es que no saben con certeza, lo que en el trabajo, se espera de ellos y mucho menos, lo que ellos quieren que sea su trabajo, amén de su vida.

¿Qué puedo hacer entonces?

Ten el valor de encontrar el camino que le dé sentido a tu vida. Decide qué es lo que verdaderamente quieres y sé capaz de crear tu propio estilo de vida. Olvídate de las cuestiones sin importancia y enfócate solo en las que realmente importan.

Lo estimulante en esta vida, estriba en disfrutarla hoy, en paz y armonía, mirando siempre de frente y haciendo que nuestro pasado no sea una carga y nos sirva de lanzadera hacia nuestro futuro. Hagamos que a partir de hoy, todos los días de nuestra vida cuenten, ya que el negocio de la vida, no es negocio. Es vida.

El destino nos da las cartas y somos nosotros los que las jugamos.

Lo que de verdad nos hace libres es la imaginación y esta es más importante que el conocimiento. Pero para que haya imaginación se necesita del primero. El éxito consiste en disfrutar de todo aquello que hacemos independientemente de lo que sea y para ello necesitaremos usar nuestra imaginación y recursos.

No hay nada más potente que una idea cuyo momento ha llegado.

Bibliografía del apéndice

Albert Einstein. Mi visión del mundo. Cuadernos ínfimos 91. Tusquets Editores. Barcelona 1981

Amando de Miguel. Manual del perfecto sociólogo. Espasa

Anthony Robbins. Poder Sin Límites. Editorial Grijalbo S.A de C.V. México. 1988

Antonio Damásio. El error de Descartes: la emoción, la razón y el cerebro humano. Editorial Crítica. 2006

Anthony Robbins. Controle su Destino. Editorial Grijalbo S.A de C.V. México. 1989

Anthony Robbins. Giant Steps. Simon & Shuster. NY 1994

Aurelio Mejia Mesa. Hipnosis. Terapias de vidas pasadas. Editorial Ditel. 1997

Benigno Horna: PNL, IE, LNV e Hipnosis. MHRP 2010

Benigno Horna. El uso de plantas alucinógenas entre los Mazatecos de México. Realidad o fantasía. Museo Nacional de Antropología. La Val de Onsera.1988

Benigno Horna. Como soy y como me ven. Editorial Espejo de Tinta. Madrid. 2005

Benigno Horna. El Destino no existe. Editorial Letra Clara. Madrid 2002

Benigno Horna. Conócete y conoce a los demás. Editorial Benigno Horna. 1995

Benigno Horna. 2007-8- Trabajo realizado para el Experto en PNL, Universidad Camilo José Cela.

Berg, I. y Miller, S. (1996) Trabajando con el problema del alcohol. Orientaciones y sugerencias para la terapia breve de familia. Ed. Gedisa, Barcelona

Carolina Caparros Álvarez. www.talentodirect.com

Claude Levi-Staruss. El Pensamiento Salvaje. Fondo de Cultura Económica. 1988

Dale Carnegie. Curso de relaciones humanas y comunicación.

Daniel Goleman. La Inteligencia Emocional. Kairos

Daniel Goleman. La práctica de la Inteligencia Emocional.

Daniel Goleman. Emociones destructivas.
Deepak Chopra. Las 7 leyes espirituales del éxito.
Deepak Chorpa. Medicina Cuántica.
Ecología y PNL. Estrategias en programación Neurolingüística.
Eduard Punset. Redes 309. El fracaso de los superdotados
Eduard Punset. Redes. 05. El cerebro nos engaña.
Eduard Punset. Redes. Estamos programados.
Eduard Punset. Redes. El cerebro humano.
Eduard Punset. Redes. Paul Ekman. Para qué sirven las emociones.
Eduard Punset. Redes. El cerebro del otro. ¿Cómo manipularlo?
Eduard Punset. Redes. ¿Por qué nos engaña el cerebro?
Federico Navarro Nieto. La tutela jurídica frente al acoso moral laboral. 2007. Editorial Aranzadi, S.A.
Flora Davis. El lenguaje de los gestos. Alianza Editorial.
Flora Davis. La comunicación no verbal. Alianza Editorial.
Gerald Nierenberg & Henry. H Calero. How to read person like a book. Pocket Books, NY.
Gerardo Mediavilla Nieto. ¿Por qué la has tomado conmigo?
Gregory Bateson: En Una unidad sagrada. Pasos ulteriores hacia una ecología de la mente. Edición de R. Donaldson. Ed. Gedisa, Barcelona
Howard Gardner. "Inteligencias múltiples" Editorial Paidos
Ian McDermott. Joseph O´Connor. PNL para directivos. Editorial Urano. 1999.
Inmaculada Ochoa de Alda. Enfoques en Terapia Familiar Sistémica. Editorial Herder 1995.
Iñaki Piñuel. Mobbing, el estado de la cuestión. Gestión 2000
Iñaki Piñuel. Liderazgo Zero (2009)
Iñaki Piñuel. Mi jefe es un psicópata. Por qué la gente normal se vuelve perversa al alcanzar el poder. Alienta

Iñaki Piñuel. La dimisión interior. Del síndrome postvacacional a los riesgos psicosociales en el trabajo. Pirámide.
Jack Canfield, Mark Victor Hansen. Sopa de pollo para el alma. Punto de lectura. 2002 Madrid.
Jaime Esquivel C. Perfil del docente de la Unachi. Universidad autónoma de Chiriquí. UNACHI
John Grinder y Richard Bandler. Técnicas hipnóticas de Milton Erickson.
John Grinder y Richard Bandler. De sapos a príncipes- Gaia Ediciones. Madrid 2006
John Grinder y Richard Bandler. Trance Fórmate. Curso práctico de Hipnosis y comunicación eficaz- Gaia Ediciones. Madrid. 2007.
John Whitmore: Coaching: El Método para mejorar el rendimiento de las personas. PAIDOS IBERICA 2003 Barcelona
José Ortega y Gasset. Qué es la Filosofía. Ediciones el Arquero.
José Oyar. Psicología del Éxito.
José Pedro García Miguel. PNL para líderes. Cuadernos de alta dirección.
Joseph O´CONNOR, John Seymour, Introducción a la PNL. Ediciones Mundo Urano
Joseph O´Connor. Coaching con PNL. Editorial Urano.
Launer, Viviane COACHING: UN CAMINO HACIA NUESTROS EXITOS PIRAMIDE 2009
Launer, Viviane y Cannio, Silviane. PRACTICAS DE COACHING LID 2008
Leonardo Wolf. El arte de soplar brasas.
Louise L. Hay. Usted puede sanar su vida.
Louise L. Hay. El poder está dentro de ti.
Louise L. Hay. Pensamientos del corazón. Urano **Mario Malcon Gladwell.** Outliers. The Store of Success. Little, Brown and Company. NY. 2008

Manuel Correa Carrasco. Los medios de tutela frente al acoso moral en el trabajo. Editorial Comares, S.L. 2007
Mario Alosnso Puig. Ahora yo. Círculo de lectores
Maseru Emoto. El Mensaje del Agua
Miguel, Cortés (2010). PNL & Coaching. Una visión integradora. Rigden-Institutgestalt.
Michael Maccoby. "El Ganador", publicado por Lasser Press Mexicana en 1977
Napoleón Hill: Piense y hágase rico. Debolsillo. Barcelona
O'CONNOR, JOSEPH y Lages, Andrea. **COACHING CON PNL: GUIA PRACTICA PARA OBTENER LO MEJOR DE TI MISMO Y DE LOS DEMAS de URANO 2005**
Og Mandingo. La universidad del éxito. Debolsillo.
Página Mexicana de la PNL.
Paula Boente: www.arearh.com/coaching/10mitos.htm
Paul Ekman. ELMUNDO.ES | SUPLEMENTOS | MAGAZINE 264 | El rostro no siempre es el espejo del alma
Paul Ekman. Cómo detectar mentiras. Paidos. 1991.
Paul Ekman. ¿Qué dice ese gesto? Descubre las emociones ocultas tras las expresiones faciales. Barcelona, Integral
Revista Año Cero. Benigno Horna. Naguales, la metamorfosis del hombre en animal. Año x/nº 02-0599-103
Revista Año Cero. Benigno Horna. La Herencia Mágica de María Sabina. Año XV/nº 02.163
Revista Año Cero. Benigno Horna. Penetramos en el rito de los hongos sagrados. Año IX. Nº 12-0399-101
Revista Año Cero. Benigno Horna. Las auténticas mujeres jirafas. Año XV/nº 05. México.
Richard Bach. Juan Salvador Gaviota.
Richard Bach. Ilusiones
Richard Bandler, John Grinder, (1975) Patterns of the Hypnotic Techniques of Milton H. Erickson, M.D. Volume I. Cupertino, Ca: Meta Publications
Richard Bandler. La Magia en Acción: PNL. Editorial Sirio.

Richard Bandler. Use su cabeza para variar. Editorial Cuatro Vientos. Santiago de Chile. 1999
Robert Dilts, Página Mexicana de PNL.
Robert Dilts, Hallbom, Smith. Identificación y cambio de creencias. Urano
Robert Dilts. Creación de modelos con PNL. Ediciones Urano.
Robert Dilts. Liderazgo creativo con PNL. Editorial Urano. 1998.
Robert Dilts. El poder de la palabra. Editorial Urano. 2003.
Robert Dilts. COACHING. HERRAMIENTAS PARA EL CAMBIO. URANO
Robert Kiyosaki entrevista por Mike Dillard.
Robert Kiyosaki. Padre Rico, padre pobre.
Rhonda Byrne. El Secreto. Editorial Urano
Sandra Santamaría. Características de la PNL. www.monografías.com
Salvador Carrión López. Curso de Practitioner en PNL. Barcelona, Ediciones Obelisco 2005
Talane Miedaner Coaching para el éxito. URANO 2002
UGT: Principales riesgos relacionados con el aspecto psicosocial : Estrés, Burnout, Mobbing.
Víctor E. Frankl El Hombre en busca de significado
Víctor M-Amela. Entrevista a John W.
Waine W.Dyer. Diez decretos para el éxito y la paz interior. Debosillo.
Y tú que sabes. What the Bleep Do We Know
Zeig, J. (Comp.) (1985) Un seminario didáctico con Milton H. Erickson. Amorrortu Editores, Buenos Aires
www.pnl.org.es
www.inteligenciaemocional.com.es
www.coaching.org.es
www.mhrp.net
www.benignohorna.com

Índice

Capítulo I

Capítulo II

Capítulo III

Capítulo IV

Capítulo V

Capítulo VI

Capítulo VII

Capítulo VIII

Capítulo IX

www.ingramcontent.com/pod-product-compliance
Lightning Source LLC
Chambersburg PA
CBHW070856290526
45795CB00001B/143

9781512168808